JN085583

会社別就活ハンドブックシリーズ

2025

SCSKの
就活ハンドブック

就職活動研究会 編
JOB HUNTING BOOK

は じ め に

　2021年春の採用から，1953年以来続いてきた，経団連（日本経済団体連合会）の加盟企業を中心にした「就活に関するさまざまな規定事項」の規定が，事実上廃止されました。それまで卒業・修了年度に入る直前の3月以降になり，面接などの選考は6月であったものが，学生と企業の双方が活動を本格化させる時期が大幅にはやまることになりました。この動きは2022年春そして2023年春へと続いております。

　また新型コロナウイルス感染者の増加を受け，新卒採用の活動に対してオンラインによる説明会や選考を導入した企業が急速に増加しました。採用環境が大きく変化したことにより，どのような場面でも対応できる柔軟性，また非接触による仕事の増加により，傾聴力というものが新たに求められるようになりました。

　『会社別就職ハンドブックシリーズ』は，いわゆる「就活生向け人気企業ランキング」を中心に，当社が独自にセレクトした上場している一流・優良企業の就活対策本です。面接で聞かれた質問にはじまり，業界の最新情報，さらには上場企業の株主向け公開情報である有価証券報告書の分析など，企業の多角的な判断・研究材料をふんだんに盛り込みました。加えて，地方の優良といわれている企業もラインナップしています。

　思い込みや憧れだけをもってやみくもに受けるのではなく，必要な情報を収集し，冷静に対象企業を分析し，エントリーシート作成やそれに続く面接試験に臨んでいただければと思います。本書が，その一助となれば幸いです。

　この本を手に取られた方が，志望企業の内定を得て，輝かしい社会人生活のスタートを切っていただけるよう，心より祈念いたします。

就職活動研究会

Contents

第1章

SCSKの会社概況

会社によって選考方法は千差万別。面接で問われる内容や採用スケジュールもバラバラだ。採用試験ひとつとってみても，その会社の社風が表れていると言っていいだろう。ここでは募集要項や面接内容について過去の事例を収録している。

また，志望する会社を数字の面からも多角的に研究することを心がけたい。

✔ 企業理念

私たちの使命

夢ある未来を、共に創る

お客様からの信頼を基に、共に新たな価値を創造し、夢ある未来を拓きます。

■私たちの３つの約束

人を大切にします。

一人ひとりの個性や価値観を尊重し、互いの力を最大限に活かします。

確かな技術に基づく、最高のサービスを提供します。

確かな技術とあふれる情熱で、お客様の喜びと感動につながるサービスを提供します。

世界と未来を見つめ、成長し続けます。

全てのステークホルダーの皆様とともに、世界へ、そして未来へ向けて成長し続けます。

■行動指針

Challenge

未来を変える情熱を持ち、常に高い目標を掲げ、挑戦する。

Commitment

お客様に対し、社会に対し、責任感を持ち、誠実に行動する。

Communication

仲間を尊重し、心を通わせ、チームワークを発揮する。

✔ 会社データ

本社所在地	豊洲本社 〒135-8110 東京都江東区豊洲3-2-20 豊洲フロント TEL：03-5166-2500 〒135-0061 東京都江東区豊洲3-2-24 豊洲フォレシア TEL：03-5166-2500
設立	1969（昭和44）年10月25日
資本金	21,285百万円
売上高	445,912百万円（2023年3月期 連結）
営業利益	51,361百万円（2023年3月期 連結）
従業員数	15,328名（2023年3月31日現在 連結）
上場取引所	東京証券取引所　プライム市場（証券コード：9719）

✔ 先輩社員の声

お客様の立場や視点で、より良い企画提案をしていきたい

【流通・メディア第一事業本部／ 2016 年入社】

明るく生き生きとした社員たちが決め手

大学院では素粒子の研究をしていました。特殊分野だったこともあり、就職活動をするにあたって自分はなにがしたいのか自問自答する時間が多かったです。そのような中、研究においてプログラミングの機会も多かったこと、さらにはお客様と一緒に課題解決を行う、そんな IT 業界で働きたいと考えるようになりました。ＳＣＳＫにはインターシップに参加したことがキッカケで多くの社員の方たちと会うことができ、同業他社と比べても性格が明るい方が多く、生き生きと仕事をしているなと感じたのが入社の決め手となりました。

海外企業と英語でのやり取りを繰り返す

入社後は研修期間を経て、海外企業の製品を受け入れて導入に向けた試験をしたり、お客様であるケーブルテレビ会社での保守運用を行う部署で働いています。最初は周辺システムの仕様を教えてもらって、実際に触ってみて理解を深めていくことから始めました。その後は顧客管理システムの改修に携わり、それまで手入力だったデータを自動的にシステムに取り込める新機能の開発を担当しました。お客様から要望や状況を聞き取り、製品を作っている海外企業に伝えて開発・改良してもらうのですが、現場で作るデータの記入方法が多岐にわたるためそのままデータ化できないことや、英語でのやり取りを繰り返し行うなど、結構大変でした。

この仕事は先日完了したばかりで、導入直後に一番不具合が出ることが多いのですが、今回は不具合もなく無事に導入を終え一安心しているところです。今回のプロジェクトを通して、自分一人でできることは限られていることを痛感しました。また、開発には多くの方が関わり、トラブル時には通常業務が止まってしまい多方面への影響もあるなかで、そこをうまく調整・対応するなどマネジメント力がついたと自覚しています。あと、英語力も自然と伸びましたね（笑）。

自分の提案が形になって使われていく喜び

この仕事は、自分が考えたことを提案し、それが形になり、実際に使われている場面に立ち会えるのが醍醐味であり、やり甲斐だと思います。今後は周辺システム全体を深く理解した上で、お客様の立場で考えられるようになり、その視点で課題を見つけ、改良点などを企画提案して解決していきたいと思います。

また働き方の面では、在宅勤務も推進され、残業する場合は常に上司がメンバーの業務負荷を把握し、仕事の一人抱えをしない文化が根付いているのがとても助かっています。就職するにあたっては、自分の本当にやりたいことは何なのか？と深く考え抜いて、自らをちゃんと納得させてから進めていくとうまくいくと思います。

やりたい仕事を
自分でつかんでいける環境がある

【製造ソリューション事業本部／ 2013 年入社】
業務を任されて大きく成長できた

IT 業界のなかでも特にモノづくりに注力している企業に興味がありました。その際
出会ったＳＣＳＫでは、選考途中に社員と交流する機会があり、その際の雰囲気など
に魅力を感じました。まるで自分のことのようにいろいろと相談にのってくれて、こ
れから一緒に働いていくならばこういう人たちが良いと思い、ＳＣＳＫに入社を決め
ました。

最初はお客様の業務における、定型作業を自動化するシステムの開発を担当しました。
学生時代、研究の一環でプログラミングも経験していたので、それほど抵抗なく取り
組めました。２年目にはシステムのレスポンス改善を担当したのですが、これが大
変でした。スピード低下を引き起こしている要因の調査から始まり、原因を特定した
後は改善へのアプローチを検討し、パフォーマンスのテストまで、すべてを一人で任
されました。改善方法におけるアプローチもさまざまです。技術スキルが未熟だった
ので判断が難しかったことを覚えています。作業もとても地道なものでしたね。（笑）
最終的には予定期日の約３カ月でパフォーマンスを改善することができましたが、
自分で道筋を作っていくという仕事の進め方を経験できて成長を実感しました。

今まさに新しいチャレンジ中

その後も社内システムの Windows10 へのアップグレード対応を開発から導入前ま
で一人で担当しました。さらには、お客様の基幹システムや周辺システムにおける開
発案件を横断的な立場で進捗管理や調整も担当することもありました。状況把握のた
め、関係者にいかに協力してもらうかなど、調整に苦労しましたね。そして今は新し
いチャレンジとして、お客様からの要望を受けてその実現にむけた提案をする業務に
携わり始めました。日常業務のシステム化など、お客様の要望をリストアップして、
それぞれの難易度やコスト、納期などを考慮に入れながら企画し、提案していくので
すが、お客様ですら気づいていない潜在的な要望も引き出せるかが肝心です。初めて
の経験なので楽しいですが、人間関係も大事ですし、経験ももちろん大事な仕事でも
あるので、今まさに模索しているところです。

スペシャリストもマネジメントも

本当は技術のスペシャリストになりたかったんです。今もまだその憧れがあります。
一方で、多くの仕事を経験して、要望のヒアリングから案件化、開発から導入、その
後の運用・保守までのプロジェクト全体を管理するマネジメント、運用管理にも興味
が出てきています。ＳＣＳＫは働き方改革が進んでいて、ネットワークでつながって
いるどのオフィスでも働けますし、在宅勤務もできます。社内には、産休や育休を取
得されている先輩もたくさんいて、とても働きやすい環境です。上司や先輩・後輩に
も恵まれているので、これからも自分でやりたい仕事をつかみながら成長していきた
いと思います。

調査開発している分野に
社会がついてくる喜び

【Ｒ＆Ｄセンター　技術開発部／2010年入社】
「変わっていかなくてはいけない」という言葉に衝撃を受けた

人の役に立つ仕事がしたくて就職先を探しましたが、当時はちょうどリーマンショック直後でどこの会社も採用枠を絞っており、とても厳しい就職状況だったので興味がある会社にはすべてエントリーしました。そのような中、企業説明会で「これからは仕事を受注するだけではなく、サービスを開発して提供していく側に変わっていかなくてはいけない」と言い切っていたのがＳＣＳＫでした。システム開発会社がそれを言ってしまうのか、と強烈なインパクトを感じ、一層興味が湧くとともに、入社したい会社になったことを覚えています。

将来性のある技術を調査開発していく

入社以来ずっと技術開発の部署、いわゆる「R&D」を担当しています。もっとも当社の場合、研究寄りというよりも常に事業化を視野にしていて、世の中の新しい技術を当社のビジネスにどう取り入れるかを調査研究しています。また、実際に調査した技術を用いた開発を行うこともあります。たとえば、社内向けのシステム連携プログラムの作成に当時の先端技術であった HTML5 を利用し、複雑な設定を直感的に行える UI を実現しました。調査開発した新しい技術については、社内でプレゼンテーションを行い、開発や運用を行う部署で利用してもらうことが多いです。お客様に直接プレゼンテーションをした機会は、実はほとんどありません（笑）。印象に残っている出来事としては、実際の開発に携わったタブレット端末を使った教育アプリが、教育現場で使われたことを新聞に取り上げられたことです。これは、とても嬉しかったですね。現在の研究テーマは AI です。まだ発展途上の技術なので、英語で書かれた文献を調べたり、海外で行われるカンファレンスに出席するなどして情報収集から始めて理論を学び、実際にサンプルを作って動かしてみたり、開発から検証に至るまでを研究しています。現代の AI で用いられるディープラーニング（深層学習）では、良質なデータを蓄積することが肝になってくるかと思いますが、これは少数の天才的プログラマだけで行われるのではなく、一般のいろいろな人が関われることが特長であり、とても面白みとともに将来性を感じています。

新しい技術は自分たちで見つけてくる

調査開発していく新しい技術は、社内からの要望や提案、または職場のメンバーたちが自ら見つけてくることから始まることが多いです。せっかく調査した技術も、時期尚早で求めているものと合わずにビジネスとして実現しないこともあるのですが、逆に調査開発している技術に社会のトレンドが追い付いてきたときは、方向性は間違っていなかったのだと、自信を深めるとともにやり甲斐を感じます。

職場では勤務時間をフレキシブルに選択できるので、定時で帰ることに罪悪感はなくなりました。また、在宅ワークもできるので、自宅と職場が離れている私の環境にとって、とても助かっています。

募集職種・分野	【総合職】 技術系職種、営業系職種、コーポレートスタッフ系職種
応募資格	2024年3月までに四年制大学・大学院（国内外問わず）を卒業・修了見込みの方 ※職歴がある方は対象外（インターンやアルバイトは除く）
仕事内容	■技術系職種 （システムエンジニア、システムコンサルタント、ネットワークエンジニア、研究開発など） ・アプリケーション、ネットワーク、パッケージソフトなどに関する提案、設計、開発、運用、保守およびそのプロジェクト管理 ・情報技術に関する調査、研究、製品開発および情報技術戦略の立案・推進 ■営業系職種 ・ハードウェアおよびソフトウェアの輸入・販売など ・システム・インテグレーション、パッケージ・インテグレーション、エンジニアリング・ソリューション、ネットワーク・ソリューションなどに関する案件の提案営業および新規顧客の開拓 ■コーポレートスタッフ系職種 ・人事・法務・経理・財務・IRなど
勤務地	東京、大阪、愛知、福岡、その他
勤務時間	9:00～17:30 所定勤務時間7時間30分（休憩1時間） ※時間外労働あり　※フレックスタイム制あり（コアタイムなし）
初任給	大卒／月給310,000円（業務手当44,200円、学び手当5,000円、リモートワーク推進手当5,000円含む） 院卒／月給330,000円（業務手当47,000円、学び手当5,000円、リモートワーク推進手当5,000円含む） ※業務手当は残業時間20時間相当分を支給し、超過の場合は別途支給する。
諸手当	通勤手当全額支給、交通費、時間外勤務手当全額支給、休日・振替出勤手当、等

賞与	年2回（6月・12月）
昇給	年1回（7月）
休日休暇	年次有給休暇 初年度14日（入社時に付与）、最大20日。完全週休2日制（土・日）、祝日および年末年始、有給休暇、メモリアル休暇、マタニティ休暇、配偶者の出産休暇、ボランティア休暇など
福利厚生	社会保険完備（健康保険、厚生年金保険、雇用保険、労働者災害補償保険）、退職金制度、企業年金、財形貯蓄、従業員持株会、慶弔見舞金、育児休業、介護休業、ボランティア休業、フレックスタイム、在宅勤務、リ・ジョイン制度、通年カジュアルスタイル、ノー残業デー（毎週水曜）、メニュー型福利厚生制度、復職支援金（保育料補助）、同好会活動、など
受動喫煙防止措置	屋内禁煙（所定就業時間中の喫煙禁止）
施設	独身寮、リラクゼーションルーム、社内診療所、カウンセリングルーム、等

✔ 採用の流れ （出典：東洋経済新報社『就職四季報』）

エントリーの時期	【総・技】3月〜7月
採用プロセス	【総・技】説明会・ES・適性テスト（3月中旬〜）→面接（複数回）・適性テスト→内々定

採用実績数

	大卒男	大卒女	修士男	修士女
2022年	86 （文：30 理：56）	66 （文：44 理：22）	71 （文：0 理：71）	10 （文：0 理：10）
2023年	122 （文：45 理：77）	69 （文：34 理：35）	85 （文：0 理：85）	6 （文：0 理：6）
2024年	116 （文：50 理：66）	79 （文：55 理：24）	108 （文：0 理：108）	17 （文：0 理：17）

採用実績校

【文系】
（大学）早稲田大学，明治大学，法政大学，立教大学，中央大学，青山学院大学，同志社大学，慶應義塾大学，横浜国立大学　他

【理系】
（大学院）東京理科大学，埼玉大学，千葉大学，明治大学，東京工業大学，東京都立大学，九州工業大学，新潟大学，金沢大学，筑波大学，横浜国立大学　他
（大学）明治大学，成蹊大学，芝浦工業大学，東京理科大学，青山学院大学　他

✔2023年の重要ニュース (出典：日本経済新聞)

■FA支援ソフトを共同開発　MILIZE、SCSKと（4/25）

　金融機関向けのソフトウエアを手掛けるMILIZE（ミライズ、東京・港）はIT（情報技術）サービスのSCSKを引受先とする第三者割当増資で7億5000万円を調達した。事業面でも連携し、ファイナンシャルアドバイザー（FA）などの業務を効率化するソフトを共同開発する。

　ミライズは金融機関やFAなどが使うソフトが主力だ。自宅の購入や育児といった人生設計に合わせ、必要な資産額をシミュレーションする機能に強みを持つ。SCSKもFA向けの顧客情報管理システムを手掛ける。

　両社は提携による相乗効果で金融関連サービスを拡充できると判断した。具体的な内容は今後詰めるが、株式や不動産の市況を人工知能（AI）で分析し、資産運用手段を提案するような機能を想定している。

■ホンダ、SCSKと提携　EVや自動運転向けソフト開発（7/7）

　ホンダは7日、車載ソフトウエアの開発でSCSKと提携すると発表した。電気自動車（EV）や自動運転車に関わるソフトを共同で開発する。SCSKはホンダ向けの開発を担う人材を2030年までに1000人に増やす。

　人材育成にも乗り出す。ホンダとSCSKの社員が一緒に働く「協働開発オフィス」を設置する。設置時期や場所はこれから詰める。両社の技術者が交流する場所をつくることで、製品開発だけでなく、開発ツールを共同で作成することも検討している。ホンダは14年から車体の制御システムの開発委託でSCSKと提携関係にある。車載ソフトの需要性は高まっており、提携する領域を広げる。

　SCSKはモビリティー関連のシステム開発を注力事業に据え、30年度に同事業の売上高を1000億円とする目標を掲げる。22年にはモビリティー関連のソフト開発を専門とする子会社を立ち上げていた。

　ホンダは30年までに他社との協業を軸に、ソフト開発に関わる社内外の人材を現在の2倍の1万人に増やす計画だ。インドの開発会社、KPITテクノロジーズとは、30年までにホンダ向けの開発を担う人材を2000人強に増やすことも明らかにしている。

　EV普及が進む中、無線通信経由で車のソフトを更新する「オーバー・ジ・エア（OTA）」や、「インフォテインメント」と呼ぶ地図情報や映画、音楽などのサービスの提供が求められている。ソフト開発者の獲得競争が激化する中で、ホンダ

は自社単独での開発ではなく、専門の企業と組みながら開発力を高めていく戦略をとる。

■ SCSK、医療用チャットを近大病院に　業務効率化を支援（12/1）

　IT（情報技術）サービスのSCSKは、近畿大学病院（大阪府大阪狭山市）で医療従事者向けの連絡用サービスの提供を12月に始めると発表した。院内の情報共有を円滑にし、チームで協力した医療を推進することを目指す。

　提供する「Dr2GO（ドクターツーゴー）」は、パソコンやスマートフォン、タブレット端末などから利用できる。患者ごとのチャットルームを作って話し合うことで、効率的に医療従事者間で連絡がとれる。電子カルテを見たり、最新の学術論文や医薬品情報などの医学情報を確認したりもできる。医療従事者の声を基に開発したという。

　サービスは近畿大学病院の一部部署で導入する。持ち運べる端末で情報の共有や確認をできるようにすることで、電子カルテの端末がない病室でもスマホなどで情報を見て他の医療従事者と連絡できる。情報の確認や共有にかかる時間を減らして業務を効率化する。

　2024年4月には医師の長時間労働を規制する制度が施行される。SCSKは医療分野のデジタルトランスフォーメーション（DX）に取り組み、医療従事者の業務効率化を支援する。25年までに全国の70病院へのDr2GOの導入を目指す。

✔ 就活生情報

面接官が非常に和やかに話してくれので，話しやすかった

総合職 2023卒

エントリーシート
・形式：採用ホームページから記入
・内容：趣味，特技，座右の銘など簡単なもの

セミナー
・選考とは無関係
・服装：きれいめの服装
・内容：初歩的な業界説明や企業の概要紹介

筆記試験
・形式：Webテスト
・科目：数学，算数／国語，漢字／性格テスト／クレペリン

面接（個人・集団）
・雰囲気：和やか
・回数：3回
・質問内容：好きな食べ物について面接官にプレゼン，志望動機，ガクチカの深堀

内定
・通知方法：メール

▶ その他受験者からのアドバイス
・就活は，自分の将来が決まることなので，きちんと考え抜いて下さい
・先輩の話を多くの方から聞いた方がいいと思います

全ての選考を通して圧迫感などは一切なく，非常に話しやすい場を作ってもらえた

技術職 2023卒

エントリーシート
・形式：採用ホームページから記入
・内容：簡単な自己紹介

セミナー
・選考とは無関係
・服装： 全くの普段着
・内容：送られてきた会社説明動画

筆記試験
・形式：Webテスト
・科目： 数学，算数／国語，漢字／性格テスト／クレペリ

面接（個人・集団）
・雰囲気：和やか
・回数：5回
・質問内容：なぜIT企業か，その中でもなぜSCSKか，SCSKで何がしたいか

内定
・拘束や指示：その場で承諾
・通知方法：採用HPのマイページ
・タイミング：予定より早い

● その他受験者からのアドバイス
・テストで落ちる人が一番多いらしく特にクレペリンテストで落ちるとのことなので15分×2回，パソコンを見てずっと操作するということに慣れておくことが最低条件かと思います

✔ 有価証券報告書の読み方

01 部分的に読み解くことからスタートしよう

「有価証券報告書（以下，有報）」という名前を聞いたことがある人も少なくはないだろう。しかし，実際に中身を見たことがある人は決して多くはないのではないだろうか。有報とは上場企業が年に１度作成する，企業内容に関する開示資料のことをいう。開示項目には決算情報や事業内容について，従業員の状況等について記載されており，誰でも自由に見ることができる。

　一般的に有報は，証券会社や銀行の職員，または投資家などがこれを読み込み，その後の戦略を立てるのに活用しているイメージだろう。その認識は間違いではないが，だからといって就活に役に立たないというわけではない。就活を有利に進める上で，お得な情報がふんだんに含まれているのだ。ではどの部分が役に立つのか，実際に解説していく。

■有価証券報告書の開示内容

　では実際に，有報の開示内容を見てみよう。

有価証券報告書の開示内容
第一部【企業情報】
第1　【企業の概況】
第2　【事業の状況】
第3　【設備の状況】
第4　【提出会社の状況】
第5　【経理の状況】
第6　【提出会社の株式事務の概要】
第7　【提出会社の状参考情報】
第二部【提出会社の保証会社等の情報】
第1　【保証会社情報】
第2　【保証会社以外の会社の情報】
第3　【指数等の情報】

有報は記載項目が統一されているため，どの会社に関しても同じ内容で書かれている。このうち就活において必要な情報が記載されているのは，第一部の第1【企業の概況】〜第5【経理の状況】まで，それ以降は無視してしまってかまわない。

　第1【企業の概況】には役立つ情報が満載。そんな中，最初に注目したいのが，冒頭に記載されている【主要な経営指標等の推移】の表だ。

回次		第25期	第26期	第27期	第28期	第29期
決算年月		平成24年3月	平成25年3月	平成26年3月	平成27年3月	平成28年3月
営業収益	(百万円)	2,532,173	2,671,822	2,702,916	2,756,165	2,867,199
経常利益	(百万円)	272,182	317,487	332,518	361,977	428,902
親会社株主に帰属する当期純利益	(百万円)	108,737	175,384	199,939	180,397	245,309
包括利益	(百万円)	109,304	197,739	214,632	229,292	217,419
純資産額	(百万円)	1,890,633	2,048,192	2,199,357	2,304,976	2,462,537
総資産額	(百万円)	7,060,409	7,223,204	7,428,303	7,605,690	7,789,762
1株当たり純資産額	(円)	4,738.51	5,135.76	5,529.40	5,818.19	6,232.40
1株当たり当期純利益	(円)	274.89	443.70	506.77	458.95	625.82
潜在株式調整後1株当たり当期純利益	(円)	—	—	—	—	—
自己資本比率	(%)	26.5	28.1	29.4	30.1	31.4
自己資本利益率	(%)	5.9	9.0	9.5	8.1	10.4
株価収益率	(倍)	19.0	17.4	15.0	21.0	15.5
営業活動によるキャッシュ・フロー	(百万円)	558,650	588,529	562,763	622,762	673,109
投資活動によるキャッシュ・フロー	(百万円)	△370,684	△465,951	△474,697	△476,844	△499,575
財務活動によるキャッシュ・フロー	(百万円)	△152,428	△101,151	△91,367	△86,636	△110,265
現金及び現金同等物の期末残高	(百万円)	167,525	189,262	186,057	245,170	307,809
従業員数[ほか，臨時従業員数]	(人)	71,729 [27,746]	73,017 [27,312]	73,551 [27,736]	73,329 [27,313]	73,053 [26,147]

　見慣れない単語が続くが，そう難しく考える必要はない。特に注意してほしいのが，**営業収益**，**経常利益**の二つ。営業収益とはいわゆる**総売上額**のことであり，これが企業の本業を指す。その営業収益から営業費用（営業費（販売費＋一般管理費）＋売上原価）を差し引いたものが**営業利益**となる。会社の業種はなんであれ，モノを顧客に販売した合計値が営業収益であり，その営業収益から人件費や家賃，広告宣伝費などを差し引いたものが営業利益と覚えておこう。対して経常利益は営業利益から本業以外の損益を差し引いたもの。いわゆる金利による収益や不動産収入などがこれにあたり，本業以外でその会社がどの程度の力をもっているかをはかる絶好の指標となる。

■**会社のアウトラインを知れる情報が続く。**

　この主要な経営指標の推移の表につづいて，「会社の沿革」，「事業の内容」，「関係会社の状況」「従業員の状況」などが記載されている。自分が試験を受ける企業のことを，より深く知っておくにこしたことはない。会社がどのように発展してきたのか，主としている事業はどのようなものがあるのか，従業員数や平均年齢はどれくらいなのか，志望動機などを作成する際に役立ててほしい。

03 事業の状況の注目ポイント

　第2となる【事業の状況】において，最重要となるのは**業績等の概要**といえる。ここでは1年間における収益の増減の理由が文章で記載されている。「○○という商品が好調に推移したため，売上高は△△になりました」といった情報が，比較的易しい文章で書かれている。もちろん，損失が出た場合に関しても包み隠さず記載してあるので，その会社の1年間の動向を知るための格好の資料となる。

　また，業績については各事業ごとに細かく別れて記載してある。例えば鉄道会社ならば，①運輸業，②駅スペース活用事業，③ショッピング・オフィス事業，④その他といった具合だ。**どのサービス・商品がどの程度の売上を出したのか**，会社の持つ展望として，今後**どの事業**を**より活性化**していくつもりなのか，などを意識しながら読み進めるとよいだろう。

■**「対処すべき課題」と「事業等のリスク」**

　業績等の概要と同様に重要となるのが，「**対処すべき課題**」と「**事業等のリスク**」の2項目といえる。ここで読み解きたいのは，その会社の**今後の伸びしろ**について。いま，会社はどのような状況にあって，どのような課題を抱えているのか。また，その課題に対して取られている対策の具体的な内容などから経営方針などを読み解くことができる。リスクに関しては法改正や安全面，他の企業の参入状況など，会社にとって決してプラスとは言えない情報もつつみ隠さず記載してある。客観的にその会社を再評価する意味でも，ぜひ目を通していただきたい。

　次代を担う就活生にとって，ここの情報はアピールポイントとして組み立てやすい。「新事業の○○の発展に際して……」，「御社が抱える●●というリスクに対して……」などという発言を面接時にできれば，面接官の心証も変わってくるはずだ。

　最後に注目したいのが，第5【経理の状況】だ。ここでは，簡単にいえば【主要な経営指標等の推移】の表をより細分化した表が多く記載されている。ここの情報をすべて理解するのは，簿記の知識がないと難しい。しかし，そういった知識があまりなくても，読み解ける情報は数多くある。例えば**損益計算書**などがそれに当たる。

連結損益計算書

(単位：百万円)

	前連結会計年度 (自 平成26年4月1日 至 平成27年3月31日)	当連結会計年度 (自 平成27年4月1日 至 平成28年3月31日)
営業収益	2,756,165	2,867,199
営業費		
運輸業等営業費及び売上原価	1,806,181	1,841,025
販売費及び一般管理費	※1 522,462	※1 538,352
営業費合計	2,328,643	2,379,378
営業利益	427,521	487,821
営業外収益		
受取利息	152	214
受取配当金	3,602	3,703
物品売却益	1,438	998
受取保険金及び配当金	8,203	10,067
持分法による投資利益	3,134	2,565
雑収入	4,326	4,067
営業外収益合計	20,858	21,616
営業外費用		
支払利息	81,961	76,332
物品売却損	350	294
雑支出	4,090	3,908
営業外費用合計	86,403	80,535
経常利益	361,977	428,902
特別利益		
固定資産売却益	※4 1,211	※4 838
工事負担金等受入額	※5 59,205	※5 24,487
投資有価証券売却益	1,269	4,473
その他	5,016	6,921
特別利益合計	66,703	36,721
特別損失		
固定資産売却損	※6 2,088	※6 1,102
固定資産除却損	※7 3,957	※7 5,105
工事負担金等圧縮額	※8 54,253	※8 18,346
減損損失	※8 12,738	※9 12,297
耐震補強重点対策関連費用	8,906	10,288
災害損失引当金繰入額	1,306	25,085
その他	30,128	8,537
特別損失合計	113,379	80,763
税金等調整前当期純利益	315,300	384,860
法人税、住民税及び事業税	107,540	128,972
法人税等調整額	26,202	9,326
法人税等合計	133,742	138,298
当期純利益	181,558	246,561
非支配株主に帰属する当期純利益	1,160	1,251
親会社株主に帰属する当期純利益	180,397	245,309

　主要な経営指標等の推移で記載されていた**経常利益**の算出する上で必要な営業外収益などについて，詳細に記載されているので，一度目を通しておこう。
　いよいよ次ページからは実際の有報が記載されている。ここで得た情報をもとに有報を確実に読み解き，就職活動を有利に進めよう。

※抜粋

企業の概況

1 主要な経営指標等の推移

（1） 連結経営指標等 ···

回次		国際財務報告基準				
		移行日	第52期	第53期	第54期	第55期
決算年月		2019年4月1日	2020年3月	2021年3月	2022年3月	2023年3月
売上高	（百万円）	—	385,295	396,853	414,150	445,912
税引前当期利益	（百万円）	—	40,578	46,557	48,315	53,336
親会社の所有者に帰属する当期利益	（百万円）	—	28,765	33,435	33,470	37,301
親会社の所有者に帰属する当期包括利益	（百万円）	—	28,680	40,442	34,917	39,507
親会社の所有者に帰属する持分	（百万円）	185,409	200,047	226,874	246,921	271,909
総資産額	（百万円）	331,996	362,241	380,399	407,609	435,469
1株当たり親会社所有者帰属持分	（円）	593.97	640.85	726.77	790.86	870.56
基本的1株当たり当期利益	（円）	—	92.13	107.09	107.20	119.44
希薄化後1株当たり当期利益	（円）	—	92.13	107.09	107.20	119.44
親会社所有者帰属持分比率	（%）	55.8	55.2	59.6	60.6	62.4
親会社所有者帰属持分利益率	（%）	—	14.9	15.7	14.1	14.4
株価収益率	（倍）	—	17.4	20.4	19.6	16.2
営業活動によるキャッシュ・フロー	（百万円）	—	55,710	50,219	59,081	43,592
投資活動によるキャッシュ・フロー	（百万円）	—	△27,484	△20,586	△14,927	△14,950
財務活動によるキャッシュ・フロー	（百万円）	—	△22,923	△32,488	△32,342	△29,074
現金及び現金同等物の期末残高	（百万円）	106,413	111,695	108,768	121,251	121,425
従業員数[ほか、平均臨時雇用者数]	（名）	12,365 [3,534]	13,979 [3,476]	14,550 [3,503]	14,938 [3,488]	15,328 [3,560]

（注）1　第53期より国際財務報告基準（以下「IFRS」という。）に基づいて連結財務諸表を作成しております。

　　　2　2021年10月1日付で普通株式1株につき3株の割合で株式分割を行っております。「1株当たり親会社所有者帰属持分」、「基本的1株当たり当期利益」及び「希薄化後1株当たり当期利益」につきまし

（point） **主要な経営指標等の推移**

　　数年分の経営指標の推移がコンパクトにまとめられている。見るべき箇所は連結の売上，利益，株主資本比率の3つ。売上と利益は順調に右肩上がりに伸びているか，逆に利益で赤字が続いていたりしないかをチェックする。株主資本比率が高いとリーマンショックなど景気が悪化したときなどでも経営が傾かないという安心感がある。

ては，第52期の期首に当該株式分割が行われたと仮定して算定しております。

回次		日本基準		
		第51期	第52期	第53期
決算年月		2019年3月	2020年3月	2021年3月
売上高	（百万円）	358,654	387,003	396,381
経常利益	（百万円）	38,650	43,014	43,741
親会社株主に帰属する当期純利益	（百万円）	27,892	31,201	30,812
包括利益	（百万円）	27,248	28,910	38,070
純資産額	（百万円）	194,468	208,072	232,359
総資産額	（百万円）	314,844	342,485	346,444
1株当たり純資産額	（円）	620.93	666.72	744.38
1株当たり当期純利益	（円）	89.55	100.17	98.92
潜在株式調整後1株当たり当期純利益	（円）	89.52	100.14	98.89
自己資本比率	（％）	61.4	60.6	66.9
自己資本利益率	（％）	14.6	15.6	14.0
株価収益率	（倍）	18.4	16.0	22.1
営業活動によるキャッシュ・フロー	（百万円）	33,511	48,950	42,040
投資活動によるキャッシュ・フロー	（百万円）	△7,163	△27,338	△20,460
財務活動によるキャッシュ・フロー	（百万円）	△19,995	△16,309	△24,436
現金及び現金同等物の期末残高	（百万円）	106,198	111,695	108,768
従業員数 [ほか，平均臨時雇用者数]	（名）	12,365 [3,534]	13,979 [3,476]	14,550 [3,503]

（注）1　第53期の諸数値につきましては，金融商品取引法第193条の2第1項の規定に基づく監査を受けておりません。

　　　2　売上高には消費税等は含まれておりません。

　　　3　2021年10月1日付で普通株式1株につき3株の割合で株式分割を行っております。「1株当たり純資産額」，「1株当たり当期純利益」及び「潜在株式調整後1株当たり当期純利益」につきましては，第51期の期首に当該株式分割が行われたと仮定して算定しております。

（2）　提出会社の経営指標等 ···

回次		第51期	第52期	第53期	第54期	第55期
決算年月		2019年3月	2020年3月	2021年3月	2022年3月	2023年3月
売上高	（百万円）	284,145	304,637	316,888	332,153	355,610
経常利益	（百万円）	31,933	34,859	36,396	41,388	44,530
当期純利益	（百万円）	24,728	25,025	31,641	29,195	29,953
資本金	（百万円）	21,152	21,152	21,152	21,152	21,285
発行済株式総数	（株）	104,181,803	104,181,803	104,181,803	312,545,409	312,665,639
純資産額	（百万円）	189,484	201,581	220,336	234,636	249,703
総資産額	（百万円）	318,397	346,486	351,734	373,358	382,354
1株当たり純資産額	（円）	606.89	645.67	705.75	751.57	799.51
1株当たり配当額 （1株当たり中間配当額）	（円）	100.00 (50.00)	130.00 (65.00)	135.00 (65.00)	46.67 (23.33)	52.00 (26.00)
1株当たり当期純利益	（円）	79.22	80.17	101.36	93.53	95.92
潜在株式調整後 1株当たり当期純利益	（円）	79.19	80.15	101.34	93.51	95.91
自己資本比率	（％）	59.5	58.2	62.6	62.8	65.3
自己資本利益率	（％）	13.6	12.8	15.0	12.8	12.4
株価収益率	（倍）	20.8	20.0	21.6	22.5	20.2
配当性向	（％）	42.1	54.1	44.4	49.9	54.2
従業員数	（名）	7,280	7,384	8,357	8,462	8,470
株主総利回り （比較情報：TOPIX）	（％） （％）	111.6 (92.7)	111.9 (81.7)	152.8 (113.8)	150.2 (113.4)	140.7 (116.7)
最高株価	（円）	5,480	6,340	6,810	2,408 (7,810)	2,422
最低株価	（円）	3,655	3,815	4,575	1,856 (5,800)	1,894

（注）　1　2021年10月1日付で普通株式1株につき3株の割合で株式分割を行っております。「1株当たり純資産額」，「1株当たり当期純利益」及び「潜在株式調整後1株当たり当期純利益」につきましては，第51期の期首に当該株式分割が行われたと仮定して算定しております。

2　「1株当たり配当額」につきましては，第54期の期首に当該株式分割が行われたものと仮定して中間配当額を23.33円，期末配当額を23.34円とし，年間配当額を46.67円として記載しております。

3　従業員数については，出向者を除いております。

4　「株主総利回り」の記載に当たっては，株式分割を考慮した株価及び1株当たり配当額を使用して算

定しております。

5 最高株価及び最低株価は東京証券取引所プライム市場におけるものであります。

なお，2022年3月期の株価については株式分割後の最高株価及び最低株価を記載しており，株式分割前の最高株価及び最低株価を括弧内に記載しております。

2 沿革

年月	沿革
1969年10月	・大阪府大阪市東区北浜（現大阪府大阪市中央区北浜）に住商コンピューターサービス株式会社を設立。
1970年12月	・東京都千代田区神田美土代町に東京支社を開設。
1973年6月	・本店所在地を大阪府豊中市新千里西町に移転。
1980年1月	・東京支社を東京本社と改称し，大阪本社とあわせて二本社とする。（2005年8月大阪本社は関西支社（現西日本千里オフィス）に改組）
1986年6月	・本店所在地を東京都千代田区東神田に移転。
1987年10月	・米国に子会社，Sumisho Computer Service（USA），Inc.（現 SCSK USA Inc.，現連結子会社）を設立。
1988年2月	・東京都江東区に東京第1センター（現netXDC東京第1センター）を開設。
1989年2月	・東京証券取引所市場第二部に株式を上場。
6月	・郵政省（現総務省）に一般第二種電気通信事業の届出。
12月	・宮崎県宮崎市に子会社，宮崎住商コンピューターサービス株式会社（1992年10月九州住商情報システム株式会社に商号変更）を設立。
1990年5月	・英国に子会社，SUMISHO COMPUTER SERVICE（EUROPE）LTD.（現 SCSK EuropeLtd.，現連結子会社）を設立。
1991年9月	・東京証券取引所市場第一部銘柄に指定。
1992年1月	・東京都江戸川区に東京第2センター（現netXDC東京第2センター）を開設。
6月	・本店所在地を東京都墨田区両国に移転。
10月	・住商情報システム株式会社に商号変更。
1999年4月	・愛知県名古屋市東区に名古屋営業所（現中部オフィス（愛知県名古屋市中区））を開設。
2001年5月	・本店所在地を東京都中央区晴海に移転。
2005年3月	・ヴィーエー・リナックス・システムズ・ジャパン株式会社（東京都江東区，現連結子会社）の株式を追加取得し子会社とする。
8月	・住商エレクトロニクス株式会社と合併。
2006年1月	・住エレシステム株式会社（東京都中央区）と九州住商情報システム株式会社（宮崎県宮崎市）を統合し，SCSソリューションズ株式会社を設立。

(point) 沿革

どのように創業したかという経緯から現在までの会社の歴史を年表で知ることができる。過去に行った重要なM＆Aなどがいつ行われたのか，ブランド名はいつから使われているのか，いつ頃から海外進出を始めたのか，など確認することができて便利だ。

6月	・SCS・ITマネジメント株式会社を合併。
2007年2月	・中国に子会社，住商信息系統（上海）有限公司（現思誠思凱信息系統（上海）有限公司，現連結子会社）を設立。
8月	・株式会社アライドエンジニアリング（東京都江東区，現連結子会社）の株式を追加取得し子会社とする。
11月	・シンガポールに子会社，Sumisho Computer Systems（Asia Pacific）Pte.Ltd.（現 SCSK Asia Pacific Pte.Ltd.，現連結子会社）を設立。
2008年7月	・株式会社ビリングソフトを合併。
2009年4月	・SCSソリューションズ株式会社の会社分割により，事業の一部を承継。
2010年6月	・株式会社カールを合併。
9月	・東京都江東区豊洲に豊洲本社を開設。
2011年10月	・株式会社CSKと合併し，SCSK株式会社に商号変更。 ・同社との合併に伴い，同社の子会社である株式会社福岡CSK（現SCSK九州株式会社），株式会社北海道CSK（現SCSK北海道株式会社），株式会社JIEC（2020年4月に吸収合併により，SCSK株式会社に統合），株式会社CSKWinテクノロジ（2015年10月にWinテクノロジ株式会社に商号変更，2021年10月に株式会社Minoriソリューションズ，株式会社CSIソリューションズと合併し，SCSKMinoriソリューションズ株式会社が発足），株式会社CSKサービスウェア（現SCSKサービスウェア株式会社），株式会社ベリサーブ，株式会社CSKプレッシェンド（現SCSKプレッシェンド株式会社），株式会社CSIソリューションズ（現SCSKMinoriソリューションズ株式会社），株式会社CSKニアショアシステムズ（2014年10月にSCSソリューションズ株式会社と統合し，SCSKニアショアシステムズ株式会社に商号変更），株式会社CSKシステムマネジメント（現SCSKシステムマネジメント株式会社）（全て現連結子会社），株式会社クオカードを当社の子会社とし，データセンターとして千葉県印西市（現netXDC千葉センター），兵庫県三田市（現netXDC三田センター）の各施設を取得。
2012年6月	・本店所在地を東京都江東区豊洲に変更。
2014年5月	・住商情報データクラフト株式会社（東京都江東区，現SDC株式会社，現連結子会社）の株式を追加取得し子会社とする。
2015年4月	・千葉県印西市に netXDC千葉第2センターを開設。
2017年12月	・連結子会社である株式会社クオカードの全株式を譲渡。
2018年12月	・兵庫県三田市に netXDC三田第2センターを開設。
2019年6月	・インドネシアに子会社，PT SCSK Global Indonesia（現連結子会社）を設立。 ・ミャンマーに子会社，SCSK Myanmar Ltd.（現連結子会社）を設立。
2019年12月	・株式会社Minoriソリューションズ（東京都新宿区，現SCSKMinoriソリューションズ株式会社）の株式を追加取得し子会社とする。
2021年10月	・沖縄県浦添市にSCSKグループ沖縄センターを開設。

2022年4月	・東京証券取引所プライム市場に移行。 ・日本電気株式会社とデータセンター運営における合弁会社，SCSKNECデータセンターマネジメント株式会社（現連結子会社）を設立。
5月	・千葉県印西市にnetXDC千葉第3センターを開設。
11月	・モビリティ事業特化型人材を育成するソフトウェア開発子会社，SCSKオートモーティブH＆S株式会社（現連結子会社）を設立

3 事業の内容

当社グループは，当社，連結子会社25社，持分法適用関連会社3社より構成され，「産業IT」「金融IT」「ITソリューション」「ITプラットフォーム」「ITマネジメント」及び「その他」の報告セグメントに係る事業の連携により，ITコンサルティング，システム開発，検証サービス，ITインフラ構築，ITマネジメント，ITハード・ソフト販売，BPO等のサービス提供を行っております。

顧客企業は，多くの上場企業を含む日本の産業構造を代表する大手及び中堅企業であり，親会社である住友商事（株）は大口得意先であります。

また当連結会計年度より，報告セグメントの区分方法を変更しております。詳細は，「第5経理の状況1連結財務諸表等（1）連結財務諸表連結財務諸表注記5.セグメント情報」の「（2）報告セグメントの変更等に関する事項」をご参照ください。

当社グループにおける6つの報告セグメントに係る事業並びに事業展開の状況は次のとおりであります。

産業IT

主に製造，通信，エネルギー，流通，サービス，メディア等の顧客に対して，長年の実績とノウハウに基づき「基幹系システム」「生産管理システム」「情報系システム」「SCM」「CRM」等のシステム開発，保守・運用を通じて，様々なITソリューションを提供しております。

また自動車業界の顧客に対して自動車の電子制御を行うECU（Electronic Control Unit）に搭載されるソフトウェアにおいて，モデルベース開発を用いた組み込みソフトウェア開発や，自社製品であるミドルウェア（QINeS-BSW）の提供，ソフトウェア検査，プロセス改善等の幅広いソリューションをグローバル規模で

---

point **事業の内容**

会社の事業がどのようにセグメント分けされているか，そして各セグメントではどのようなビジネスを行っているかなどの説明がある。また最後に事業の系統図が載せてあり，本社，取引先，国内外子会社の製品・サービスや部品の流れが分かる。ただセグメントが多いコングロマリットをすぐに理解するのは簡単ではない。

提供しております。

（主な子会社）

　（株）ベリサーブ，SCSK九州（株），SCSK北海道（株），
SCSK USA Inc.，SCSK Europe Ltd.，思誠思凱信息系統（上海）有限公司，
SCSK Asia Pacific Pte.Ltd.，PT SCSK Global Indonesia，SCSK Myanmar
Ltd.，SCSKオートモーティブＨ＆Ｓ（株）

金融IT

　主に銀行・信託，生損保，証券，リース，クレジット等の金融機関におけるシ
ステム開発・保守・運用に携わり，金融業務を理解した高度な金融システムの構
築実績を有するプロとして，顧客の金融ビジネス戦略の実現と，安全かつ効率的
な経営をサポートしております。

ITソリューション

　自社開発のERP（統合基幹業務）パッケージであるProActiveをはじめ，SAP
やOracle，Salesforce等のERP及びCRMの導入・開発から保守・運用までの
ライフサイクル全般を支援するAMO（Application Management Outsourcing）
サービスやECサービス・コンタクトセンターサービス等の幅広いITソリュー
ションを提供しております。また，人手による支援業務とITを組み合わせた，IT
企業ならではのBPOサービスを提供しております。

（主な子会社）

　SCSKサービスウェア（株），SCSKプレッシェンド（株）

ITプラットフォーム

　確かな技術力・ノウハウに基づき，ITインフラ分野とCAD，CAE等「ものづ
くり」分野において，最先端技術を駆使し，顧客のニーズに的確に応えるサービ
ス／製品を提供し，顧客の様々なビジネスを柔軟にサポートしております。

（主な子会社）

　（株）アライドエンジニアリング

ITマネジメント

　堅牢なファシリティや高度セキュリティを備えたソリューション志向のデータ
センター「netXDC（ネットエックス・データセンター）」を展開し，運用コスト

の削減，インフラ統合・最適化，ガバナンス強化，事業リスク軽減等，顧客の経営課題を解決する提案型アウトソーシングサービスを提供しております。また，各種クラウドのインフラ提供，オンサイトでのマネジメントサービス，24時間365日のSEサポート等の提供を行っております。

（主な子会社）

　（株）Skeed，SCSKシステムマネジメント（株），
　ヴィーエー・リナックス・システムズ・ジャパン（株），
　SDC（株）SCSKNECデータセンターマネジメント（株）

その他

　幅広い業種・業態におけるソフトウェア開発とシステム運用管理，システム機器販売，コンサルティングサービスや地方拠点の特色を活かした，当社グループ各社からのリモート開発（ニアショア開発）等を行っております。

　なお，「その他」の事業は，いずれも2022年3月期及び2023年3月期において報告セグメントの定量的な基準値を満たしていません。

（主な子会社）

　SCSK Minoriソリューションズ（株），（株）Gran Manibus,
　SCSKニアショアシステムズ（株）

---

point **関係会社の状況**

　主に子会社のリストであり, 事業内容や親会社との関係についての説明がされている。特に製造業の場合などは子会社の数が多く，すべてを把握することは難しいが，重要な役割を担っている子会社も多くある。有報の他の項目では一度も触れられていない場合が多いので，気になる会社については個別に調べておくことが望ましい。

当社グループにおけるセグメント区分と主要な関係会社の関係は下図のとおり
となります。

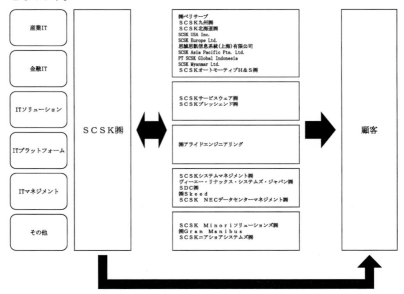

（注）1　各報告セグメントにおいては，当社及びグループ各社が顧客との直接取引を行うとともに，グルー
　　　　プ間において機能を補完する取引を行っております。
　　　2　上記の関係会社は主な連結子会社であります。

名称	住所	資本金又は出資金	主要な事業の内容	議決権の所有割合又は被所有割合		関係内容(注)1	摘要
				所有割合(%)	被所有割合(%)		
(親会社)							
住友商事㈱	東京都千代田区	百万円 220,046	総合商社	—	50.6	当社が行うソフトウェア開発並びに情報処理の大口得意先であります。 役員の兼任等…無	(注)2
(連結子会社)							
ＳＣＳＫサービスウェア㈱	東京都江東区	百万円 100	コンタクトセンターサービス、BPOサービス	100.0	—	当社はBPOサービスを委託しております。 役員の兼任等…4名	
㈱ベリサーブ	東京都千代田区	百万円 792	製品検証サービス、セキュリティ検証サービス等	100.0	—	当社は検証サービスを委託しております。 役員の兼任等…3名	
ＳＣＳＫ Ｍｉｎｏｒｉソリューションズ㈱	東京都江東区	百万円 480	ソフトウェア開発・システム運用・機器販売等	100.0	—	当社はシステム開発等を委託しております。 役員の兼任等…3名	
ＳＣＳＫ九州㈱	福岡県福岡市	百万円 200	ソフトウェア開発、情報処理	100.0	—	当社はソフトウェア開発、情報処理業務を委託しております。 役員の兼任等…3名	
ＳＣＳＫ北海道㈱	北海道札幌市	百万円 100	ソフトウェア開発、情報処理	100.0	—	当社はソフトウェア開発、情報処理業務を委託しております。 役員の兼任等…2名	
ＳＣＳＫプレッシェンド㈱	東京都江東区	百万円 100	ECフルフィルメントサービス	100.0 [0.0]	—	当社はシステム開発を受託しております。 役員の兼任等…無	
SCSK USA Inc.	米国ニューヨーク	千 US$11,850	ソフトウェア開発、情報処理	100.0	—	当社は米国におけるソフトウェア開発業務等を委託しております。 役員の兼任等…2名	
SCSK Europe Ltd.	英国ロンドン	千 Stg£1,400	ソフトウェア開発、情報処理	100.0	—	当社は欧州におけるソフトウェア開発業務等を委託しております。 役員の兼任等…1名	
思誠思凱信息系統(上海)有限公司	中国上海	千 US$500	ソフトウェア開発、情報処理	100.0	—	当社は中国におけるソフトウェア開発業務等を委託しております。 役員の兼任等…2名	
SCSK Asia Pacific Pte. Ltd.	シンガポール	百万円 200	ソフトウェア開発、情報処理	100.0	—	当社はアジア・豪州地域におけるソフトウェア開発業務等を委託しております。 役員の兼任等…3名	
PT SCSK Global Indonesia	インドネシアジャカルタ	千 Rp60,000,000	ソフトウェア開発、情報処理	100.0 [1.0]	—	当社はインドネシアにおけるソフトウェア開発業務等を委託しております。 役員の兼任等…1名	
SCSK Myanmar Ltd.	ミャンマーヤンゴン	千 US$3,600	ソフトウェア開発、情報処理	100.0	—	当社はミャンマーにおけるソフトウェア開発業務等を委託しております。 役員の兼任等…1名	
㈱Ｓｋｅｅｄ	東京都目黒区	百万円 100	自律分散ネットワーク技術を用いたソフトウェア及びソリューションの開発	100.0 [0.0]	—	当社はソフトウェア及びソリューション開発業務を委託しております。 役員の兼任等…無	
㈱アライドエンジニアリング	東京都江東区	百万円 242	コンサルティング、パッケージソフトの開発・販売	100.0	—	当社は製造業向けのCAE(工業製品設計・開発工程支援コンピュータシステム)コンサルティングサービス、パッケージソフトウェアを仕入れております。 役員の兼任等…無	

名称	住所	資本金又は出資金	主要な事業の内容	議決権の所有割合又は被所有割合 所有割合（%）	議決権の所有割合又は被所有割合 被所有割合（%）	関係内容(注)1	摘要
ＳＣＳＫシステムマネジメント㈱	東京都江東区	百万円 100	システム運用サービス	100.0	―	当社はシステム運用サービスを委託しております。役員の兼任等…無	
ヴィーエー・リナックス・システムズ・ジャパン㈱	東京都江東区	百万円 194	ソフトウェア開発（オープンソースソフトウェアコンサルティング）	100.0	―	当社はオープンソース関連技術のサービス等を仕入れております。役員の兼任等…2名	
ＳＤＣ㈱	東京都江東区	百万円 96	ネットワーク構築・運用サービス	50.1	―	当社は高付加価値のネットワーク運用マネージドサービスやアウトソーシングサービスを仕入れております。役員の兼任等…無	
㈱Ｇｒａｎ Ｍａｎｉｂｕｓ	東京都千代田区	百万円 90	コンサルティングサービス、先端技術ソリューションサービス	94.3	―	当社はAI技術を含めた先端技術の支援やコンサルティングサービスを仕入れております。役員の兼任等…3名	
ＳＣＳＫニアショアシステムズ㈱	東京都江東区	百万円 100	ソフトウェア開発、保守	100.0	―	当社はソフトウェア開発、保守業務を委託しております。役員の兼任等…4名	
ＳＣＳＫ ＮＥＣデータセンターマネジメント㈱	東京都江東区	百万円 100	データセンターサービス、ネットワークサービスの提供	62.5	―	当社はデータセンターサービス、ネットワークサービスを委託しております。役員の兼任…1名	
ＳＣＳＫ オートモーティブＨ＆Ｓ㈱	東京都江東区	百万円 100	モビリティ関連ソフトウェア	100.0	―	同社はモビリティ関連ソフトウェア開発業務の技術者を採用・育成しており、今後、当社は同開発業務の委託を予定しております。役員の兼任…1名	
その他4社	―	―	―	―	―	―	
(持分法適用関連会社)							
㈱アルゴグラフィックス	東京都中央区	百万円 1,873	PLMソリューション事業	21.8	1.0	当社はハードウェア・ソフトウェア商品等の販売・仕入を行っております。役員の兼任等…1名	(注) 2
ダイアモンドヘッド㈱	東京都港区	百万円 100	ファッション＆アパレルECサイト制作・ECシステムの開発＆提供	24.3	―	当社はシステム開発を委託しております。役員の兼任等…無	
その他1社	―	―	―	―	―	―	

(注) 1　役員の兼任等には当社執行役員及び業務役員を含めて記載しております。

　　　2　有価証券報告書を提出しております。

　　　3　「議決権の所有（又は非所有）割合」欄の［内書］は間接所有であります。

5 従業員の状況

(1) 連結会社の状況 ···

2023年3月31日現在

セグメントの名称	従業員数(名)
産業IT	5,067　[90]
金融IT	1,659　[2]
ITソリューション	3,196　[3,446]
ITプラットフォーム	794　[1]
ITマネジメント	1,854　[－]
その他	2,758　[21]
合計	15,328　[3,560]

(注) 1　従業員数は就業人員であります。

2　平均臨時従業員数は，[　]内に外数で記載しております。3その他は管理部門等の従業員数を含んでおります。

(2) 提出会社の状況 ···

2023年3月31日現在

従業員数(名)	平均年齢	平均勤続年数	平均年間給与
8,470	43歳　8か月	18年　5か月	7,467千円

セグメントの名称	従業員数(名)
産業IT	2,803
金融IT	1,659
ITソリューション	958
ITプラットフォーム	748
ITマネジメント	1,452
その他	850
合計	8,470

(注) 1　従業員数は就業人員であります。

2　平均年間給与は，賞与及び基準外賃金を含んでおります。

3　その他は管理部門等の従業員数を含んでおります。

(3) 労働組合の状況 ···

　当社グループには，SCSKユニオン，ベリサーブユニオン，SCSK九州ユニオン，北海道CSK労働組合，SCSKシステムマネジメント労働組合の各労働組合が組織されております。なお，労使関係は円満に推移しております。

■ 事業の状況

1 経営方針，経営環境及び対処すべき課題等

　文中の将来に関する事項は，当連結会計年度末現在において，当社グループが判断したものであります。

(1) 当社を取り巻く事業環境と対処すべき課題 ·····················

　社会のIT化・デジタル化による変化が，ビジネスやライフスタイルにも影響を及ぼし，そのスピードは新型コロナウィルスの感染拡大により一層加速しております。日常のあらゆるデータがデジタル技術で利活用され，様々な企業が生き残るために異業種と連携し，企業は産業構造の変化に合わせたビジネスモデルの変革を求められております。

　国内のITサービス市場は，さらなるクラウド化の進行，デジタル化やDXの加速等により，企業のIT戦略，IT投資に質的変化が生じ，ビジネスとITとの関係が一層密接になっております。　一方，ITサービスに求められる人材像は「課題解決型」から「価値創造型」へと変化し，顧客企業も含めたIT人材の獲得競争が激化すると考えております。顧客企業においてもDXの加速に伴い，業界を越えた共通サービス，融合サービスの提供が拡大していく中で，顧客企業自身が内製化へシフトする傾向が予測されます。

　このような大きな変化や不確実性を伴う環境の中，企業が持続的な成長を果たしていくためには，より長期的な視点から社会の本質的な変化を捉え，企業を取り巻く様々な社会課題に対し，事業を通じた解決と新たな価値創出に取り組む必要があります。したがって，当社グループが掲げる「夢ある未来を，共に創る」の経営理念に立ち返り，「サステナビリティ経営」を実践していく上で，優先的に

(point) 従業員の状況

　主力セグメントや，これまで会社を支えてきたセグメントの人数が多い傾向があるのは当然のことだろう。上場している大企業であれば平均年齢は40歳前後だ。また労働組合の状況にページが割かれている場合がある。その情報を載せている背景として，労働組合の力が強く，人数を削減しにくい企業体質だということを意味している。

取り組む領域を決めて共有するために「マテリアリティ（重要課題）」を策定し，当該方向性を踏まえた2030年の目指す姿としてのグランドデザイン，実現のステップとしての中期経営計画を2020年4月に発表いたしました。

　2020年度から2022年度までの3年間の中期経営計画では，基本戦略である事業革新，DX事業化，人財投資により事業拡大を目指してまいりました。

　事業革新におけるものづくり革新では「S-Cred＋プラットフォーム」を核に，高水準の品質・生産性・柔軟性を備える多様なITサービスを提供してまいりました。分室革新では，それぞれの分室に応じた革新的な取り組みのプランを作成し，「価値共創型」分室への転換を推進してまいりました。

　DX事業化では4つの重点領域において社会への新たな価値，新たな事業の創出に尽力してまいりました。モビリティ領域では保険会社やフリート事業者，リース事業者等に対するモビリティトランスフォーメーションのサービス化を推進してまいりました。金融サービスプラットフォーム領域では日本版 TAMP や職域向け金融仲介プラットフォーム「エフクリ」といったプラットフォーム型事業を創出いたしました。ヘルスケア領域では医療従事者向けコミュニケーションプラットフォーム「Dr2GO」の投資開発を完了し病院への展開を進めております。 CX領域では，顧客接点の高度化に特化したサービス「altcircle」を提供するほか，データプラットフォームの運用を開始しております。

　人財投資では人材の高度化・多様化・拡充の観点から様々な施策を実施し，事業の成長と変革に資する人材の確保と育成に取り組んでまいりました。

（2）　経営計画全体像

　当社グループは，経営理念に「夢ある未来を，共に創る」を掲げております。経営理念を実践するにあたり，社会が抱えるさまざまな課題を事業視点で評価し，社会と共に成長するために，特に重要ととらえ，優先的に取り組む課題を「マテリアリティ」として2020年に策定いたしました。併せて，経営理念とマテリアリティを当社グループの存在意義としたうえで，中長期の目指す姿として「グランドデザイン2030」を策定いたしました。お客様やパートナーと共に社会課題の解決に貢献するビジネスを創り出すことによって，「2030年共創 IT カンパニー」

---

point　業績等の概要

　この項目では今期の売上や営業利益などの業績がどうだったのか，収益が伸びたあるいは減少した理由は何か，そして伸ばすためにどんなことを行ったかということがセグメントごとに分かる。現在，会社がどのようなビジネスを行っているのか最も分かりやすい箇所だと言える。

の実現を目指すというものです。「2030年共創ITカンパニー」の実現に向けた実行計画が「中期経営計画」であり，2023年度からはじまる中期経営計画（FY2023-FY2025）は，「グランドデザイン2030」の第二期として位置付けております。

また，当社グループは従来から，社会課題の解決に貢献するビジネスを創出し，社会と共に持続的成長を果たすため，企業の社会的な影響力と責任を踏まえ，「サステナビリティ経営」に取り組んでまいりました。

脱炭素や循環型社会の実現に向けた事業環境の変化をチャンスと捉え，我々のコアコンピタンスを活用した新たな事業機会を獲得し，社会と共に持続的に成長することを目指す「成長戦略としてのサステナビリティ経営」を経営のスタンスとして，今後も強化してまいります。

＜グランドデザイン2030＞

当社グループが目指す「2030年共創ITカンパニー」は，人的資本力の向上をもって，お客様やパートナー，社会との共創を推進し，各種課題に対し，価値提供し続ける企業グループです。

「2030年共創ITカンパニー」を実現するために，本質的な企業力として，「経済価値」と「社会価値」「人的資本価値」等の非財務要素を包含した企業価値である"総合的企業価値"の飛躍的向上を実現いたします。

＜「2030年共創ITカンパニー」に向けた経営方針＞

① コア事業の高度化・拡大
・人材力・技術力を高度化し，お客様のパートナーとしてデジタル化・事業変革に貢献

・収益力を高度化し，持続的成長に向けた将来への投資余力・成長余力を創出

② **お客様のビジネス成長への貢献**

お客様との取引・共創により得た知財・知見を活かし，マーケット全体の課題解決に貢献

③ **社会への新たな価値創出**

コア事業の知見を起点に，社会課題解決をリードする「次世代デジタル事業」の創出に挑戦

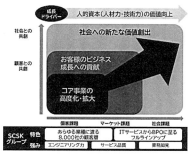

＜当社グループ中期経営計画（FY2023-FY2025）＞

本中期経営計画は，「2030年共創 IT カンパニー」に向けた第二期として位置付け，第一期（FY2020-FY2022）の基本戦略の施策を収益化・業績貢献に繋げるべく，以下の方針にて推進いたします。

●中期経営計画（FY2023-FY2025）方針

"総合的企業価値"の飛躍的な向上に向け，

・お客様や社会に対して，新たな価値を提供し続けるため，事業分野，事業モデルを再構築する

・社員の成長が会社の成長ドライバーと認識し，社員一人ひとりの市場価値を常に最大化する

３つの基本戦略と経営基盤強化策を推進いたします。

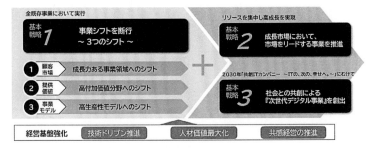

●基本戦略1：事業シフトを断行〜3つのシフト〜

　・事業環境の変化に対応し持続的な成長に向け，事業分野・事業モデルを再構築いたします。

　・収益率の向上とともに，持続的成長への投資余力・成長余力を創出いたします。

　① 成長力ある事業領域へのシフト

　② 高付加価値分野へのシフト

　③ 高生産性モデルへのシフト

●基本戦略2：成長市場において，市場をリードする事業を推進

　・クラウド・デジタル活用にて成長を期する市場・技術領域において，当社グループの保有する強みをもとに，市場成長への貢献と共に，当社グループの高成長を実現いたします。

　・現有リソースにとらわれないリソース集中，先進技術を組織的に活用，継続的に対象事業を見出します。

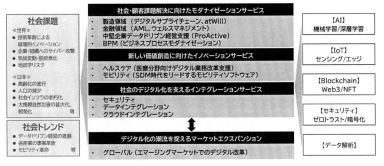

●基本戦略3：社会との共創による「次世代デジタル事業」を創出

・コア事業の知見を活かし，従来とは非連続な「次世代デジタル事業」，社会
へ新たな価値創出をリードいたします。

・当社グループ「マテリアリティ」を起点とした領域における継続的な事業の
開拓・挑戦を行います。

GX領域
社会のGX化の実現に向け事業を推進
・再生可能エネルギー普及促進
・カーボンマネジメント，等

地方創生・地域課題対応領域
デジタル技術を活用した地方創生・課題解決領域への取り組みを推進
・デジタル通貨による地域経済活性化
・地域共創モデル開発，等

セキュリティ領域
サイバー攻撃による脅威の激化を受け，安心安全なデジタル社会実現へ貢献
・先進技術を活用した不正対策，等

ヘルスケア～セルフケア領域
ヘルスケア領域で培った知見にて，未病・予防による健康増進・セルフケア領域の課題解決へ貢献
・未病・予防実現及び医療費削減貢献，等

カスタマーエクスペリエンス領域
デジタル技術を活用し，商品・サービスの利用における多様化する価値観・生活様式に対し，豊かな顧客体験を実現

ウェルスマネジメント領域
人生100年時代において，豊かなセカンドライフを支えるため，デジタル技術を活用し，一人ひとりの金融リテラシーの向上，資産形成へ貢献 …

●経営基盤強化

「技術ドリブン推進」

　先進技術獲得による新たな価値創出・事業開拓，社会実装に向けた高度先
進技術者の拡充を行うとともに，長年蓄積された業務ノウハウ・著作物等の知
財化，全ての顧客フロントでの顧客課題解決に向けた活用促進による知財価値
の向上，ファンド出資等を通じたベンチャー企業との協業等のオープンイノベー
ションの推進を一層強化いたします。

「人材価値最大化」

　本中期経営計画の方針である「社員の成長が会社の成長ドライバーと認識し，
社員一人ひとりの市場価値を常に最大化する」の実現のため，多様な人材が活
躍できるよう，ダイバーシティ＆インクルージョンの実践，Well-Being・健康
経営の推進，事業戦略と人材ポートフォリオの最適化，処遇・報酬制度等によ
る基盤整備を行います。

「共感経営の推進」

　会社・トップマネジメント・リーダーと社員の双方が"共感"することで，

一人ひとり，あるいは一企業では成し得ない，大きく・新たな価値を生む原動力となることを踏まえ，共感経営を推進してまいります。

●投資領域

持続的な成長に向け，3年間総額1,000億円レベルの積極的な投資姿勢を継続してまいります。

●経営指標

・財務目標

	2023年3月期	2026年3月期
営業利益	513億円	650億円
営業利益率	11.5%	12.5%以上
ROE	14.4%	14.0%

・株主還元

	2023年3月期	2026年3月期
配当性向	43.5%	50.0%

2　サステナビリティに関する考え方及び取組

当社グループのサステナビリティに関する考え方及び取組は，次のとおりであります。なお，文中の将来に関する事項は，当連結会計年度末現在において当社グループが判断したものであります。

（1）　サステナビリティに関するガバナンス

当社グループでは，代表取締役執行役員会長・代表取締役執行役員社長の諮問機関であるサステナビリティ推進委員会にて，サステナビリティに関する全社的な課題，取り組み施策の検討や確認を行っております。

検討内容は，サステナビリティ推進委員会から，経営会議に報告し，経営会議で全社的な経営に係る観点からさらなる議論を行った後に，サステナビリティ推進委員会から定期的に取締役会に報告が行われ，取締役会で適切に監督される体制を整えております。

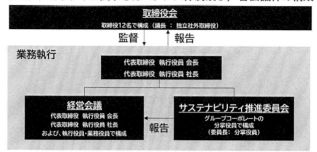

サステナビリティに関するガバナンス体制及び，各会議体の構成

（2） サステナビリティに関するリスク管理 ·······························

　当社グループでは，グループの事業に重大な影響を及ぼす可能性のあるリスクを適切にマネジメントするため，リスクマネジメントに関する規程を定めております。

　サステナビリティに関するリスクについては，リスク所管部署とリスク統括部署が共同し，外部レポートや外部有識者の助言をもとにリスク項目を分析しております。

　分析したリスク項目はリスク所管部署からサステナビリティ推進委員会に報告を行い，同委員会にてリスクの確認，特定を行っています。特定したリスク項目はリスク所管部署からリスク統括部署に報告を行い，リスクマネジメントに関する規定に則り，適切に管理されております。

　当社グループのリスクマネジメントについては当社WEBサイトをご参照ください。

　https://www.scsk.jp/corp/csr/governance/risk_management.html

（3） サステナビリティに関する戦略と組織目標 ·······························
① 「気候変動」に関する事項
（戦略）
　気候変動への対応は企業の長期的価値を左右する重要な経営課題と認識しており，不確実な状況変化に対応し得る戦略と柔軟性を持つことが重要であると考え

ております。このような考えのもと，気候変動が事業に与える影響を評価するために，「データセンター事業」をシナリオ分析の対象として選定しております。「データセンター事業」は，当社グループの温室効果ガス排出量の約8割を占めており，気候変動による影響（炭素税や環境規制など）が大きいと考えられます。気候変動に関連する物理的リスク，移行リスクの把握，及び事業機会を整理し，4℃シナリオと1.5℃シナリオを選択シナリオとしております。

＜選択シナリオの概要＞

- ■4℃シナリオ：経済活動を優先し，炭素規制や再生可能エネルギーの利用は進まず，なりゆきで推移し，自然災害の激甚化が進むシナリオ
- ■1.5℃シナリオ：炭素税の高税率化，炭素排出規制の強化などの政策が世界的に広まり，脱炭素化に向けた積極的な移行が進むシナリオ

＜主なリスクと機会の概要＞

- ■リスク：炭素税導入や省エネ規制強化に伴う再エネ・省エネ設備への切り替えやグリーン電力購入などの対応コストの増加などが移行リスクとして考えられます。また，自然災害によるデータセンターの操業・復旧コストの増加や，気温上昇に伴う冷却に必要な空調コストと電力消費量の増加によるデータセンターの運用コストの増加などが物理リスクとして考えられます。
- ■機会：脱炭素型データセンターやレジリエントデータセンターに対する需要が増加することや，今後のデジタル化社会の到来により，通信量の拡大や大量データの保存ニーズの増加に加え，データセンターに蓄積したビッグデータ利活用のための周辺サービス需要が発生することなどが考えられます。

これらのリスク・機会に対し，事業への影響を「+/-」を用いて3段階で評価しております。

<主要なインパクト項目に対する評価結果>

4℃ シナリオ	概要		平均気温上昇による空調コストの増加、自然災害対応コストが発生、 自然災害激甚化によりレジリエントDCの需要増加が見込まれる		
	影響 評価	区分	主要なインパクト項目	収益への影響度(※1) 2030年時点	2050年時点
		売上	レジリエントDCの需要増加(※2)	＋＋	＋＋＋
			通信量・データ処理量増加によるDCの需要増加	＋	＋
		費用	電力価格の変動(※3)	－	＋＋
			電力使用量(空調コスト)の上昇	－	－－
			物理リスクへの対応コストの上昇	－	－－

1.5℃ シナリオ	概要		炭素税上昇によるコスト増加に対して、温室効果ガス排出削減の取り組み をすることで炭素税コストの低減が可能、脱炭素型DCの需要増加が見込まれる		
	影響 評価	区分	主要なインパクト項目	収益への影響度(※1) 2030年時点	2050年時点
		売上	脱炭素型DCや社会環境変化を捉えた新サービス の需要増加	＋＋	＋＋＋
			通信量・データ処理量増加によるDCの需要増加	＋	＋
		費用	電力価格の変動	－	－－
			炭素税の上昇(※4)	(－－)	(－－－)

※1 各シナリオの主要な事業インパクト項目が収益に与える影響を「＋/－」で記載。相対的に3段階で評価
※2 「レジリエントDC」の新設・運用費用については、今回試算対象外。想定シナリオ次第でコストインパクトが大きくなりうる。
※3 4℃シナリオの電力価格はIEAのレポートより。2030年時点ではコストが増加するが、2050年時点ではコストが減少すると想定
※4 温室効果ガス排出削減により、炭素税上昇による費用増加の影響緩和が可能であると想定

<対応策定義>

　今後，リスクに対しては回避・軽減する施策，機会に対しては機会を獲得するための施策の検討を継続的に実施し，策定された対応策を実行することによって，事業活動のレジリエンス向上を目指します。

シナリオ	施策の方向性	対応策の観点	対応策例
4℃シナリオ	新サービス創出	レジリエントDCの展開	■ 激甚災害に耐えうる設計のDCを新設 ■ 自然災害発生時の影響を考慮したDC用地の選定 ■ DC間の相互バックアップ
シナリオ 共通	省エネ化	電力コストの抑制	■ 夜間電力や新技術により安価に発電された電力の調達
		電力使用量の抑制	■ IoTやAI等、または新しい技術を活用した空調制御や 使用電力の制御
	新サービス創出	DC排熱の有効活用	■ DC排熱を活用した街づくりや他事業領域への展開
1.5℃ シナリオ	再エネ化	再エネの導入	■ 再エネ証書購入によるバーチャルPPA ■ 再エネ由来電力を直接購入(PPA) ■ 再エネ発電所を設立、買収
	新サービス創出	脱炭素型DC関連サービス新設	■ 法制度や社会環境の変化を捉えた新サービスを創出

(指標と目標)

　当社グループは，温室効果ガス排出量の削減に向けて，SBTイニシアチブの認定を取得した中長期的な削減目標を設定しております。

　温室効果ガス排出量の削減に向けて，環境に配慮した事業活動に意欲的に取り組むとともに，脱炭素社会への変革を事業機会ととらえ，幅広い業界にわたるお

客様やパートナー企業との共創を通じて脱炭素社会の実現，持続可能な社会の発展に貢献してまいります。

SCSKグループの温室効果ガス排出量削減目標

Scope1+2 (※1)	● 2030年度までに2019年度比で47％削減(1.5℃目標) ● 2050年までに100％削減
Scope3 (※2)	● 2030年度までに2019年度比で28％削減

(※1)Scope1:自社による温室効果ガスの直接排出
　　　Scope2:他社から供給された電気、熱・蒸気などの使用に伴う間接排出量
(※2)Scope3:Scope1、Scope2以外の間接排出量(自社の活動に関連する他社の排出)

(ご参考)
・リスク及び機会等TCF D シナリオ分析の詳細については，当社WEBサイト
（https://www.scsk.jp/corp/csr/pdf/tcfd.pdf）をご参照ください。
・カーボンニュートラルに向けた取り組みについては，当社WEBサイト
（https://www.scsk.jp/corp/csr/environment/carbonneutral.html）をご参照ください。
・2022年度の温室効果ガス排出量については，当社WEBサイトでの公開を予定しています。
　公開時期：2023年9月
　公開場所：当社WEBサイト（https://www.scsk.jp/corp/csr/non_financial.html?id=sec03#sec03）
　公開内容：Scope1,2,3排出量，Scope3カテゴリ別排出量

② 「人的資本・多様性」に関する事項
　当社グループは，「サステナビリティ経営」を成長戦略として取り組むことを掲げており，コアコンピタンスであるデジタル技術を活用して，お客様や社会と共にさまざまな社会課題の解決に貢献し，社会が必要とする新しい価値を創出しながら，社会と共に持続的に発展することを目指しております。
　当社グループの経営理念である「夢ある未来を，共に創る」を実現するために掲げている"3つの約束"では，最初に「人を大切にします。」ということを宣言し，社員一人ひとりの個性や価値観を尊重し，互いの力を最大限に活かすことを約束しております。当社グループの最大の財産，かつ成長の原動力は"人"であり，社員一人ひとりの健康こそが，社員やその家族の幸せと事業発展の礎であること

から「社員が心身の健康を保ち，仕事にやりがいを持ち，最高のパフォーマンスを発揮してこそ，お客様の喜びと感動につながる最高のサービスが提供できる。」という理念のもと，働き方改革や健康経営の先進企業として取り組みを進め，社員の高い定着率や安定的な人材の確保を実現してまいりました。

2023年度よりスタートした新中期経営計画では，お客様や社会が必要とする経済価値と社会価値の創出を実現することに加え，人的資本価値を高めていくことで「総合的企業価値」の飛躍的な向上に向け，社員一人ひとりの「人材価値最大化」を基本方針として取り組んでまいります。

そのため，従来から積極的に行ってきた人財投資に加え，社員の能力を高められる成長性のある市場や事業領域を選択し，社員の能力を最大限に発揮できる収益性・生産性の高い事業分野や事業モデルを選択・構築し続けることで，事業の構造改革と人材ポートフォリオの革新を同時に実現することを目指してまいります。また，これまでの働き方改革や健康経営を中心に培ってきた働きやすい環境に加え，社会価値や経済価値創出への貢献を通じた働きがいやエンゲージメントを高める「Well-Being経営」を推進してまいります。

これらの方針や取り組みを，経営・マネジメントと社員の双方が共感し進められるよう，役員評価に「共感経営」を導入し，理念・ビジョンを共有し共感を生むリーダーシップを発揮することを評価し，またその実践度を社員意識調査で計測することといたしました。共感経営を強く推進することで，グランドデザイン2030に掲げる「共創ITカンパニー」の実現を確実にすべく取り組んでまいります。
(戦略)

＜事業戦略に即した人材育成＞

人的資本価値を高めるためには，経営戦略と人材戦略，そして社員一人ひとりの能力発揮と成長意欲の連動が不可欠であることから，自律的・戦略的・統合的なキャリア開発基盤として「iCDP (Integrated Career Development Plan)」を策定し，以下の複数の制度・施策のつながりを重視した人材価値最大化の基本サイクルとして運営しております。また，将来のビジネスや技術ニーズの変化に備えるため，若手社員のマルチスキル化や変化への対応力の養成を目的とした，iCDPの施策（採用・教育・配置・評価）を総合的に展開するキャリア開発プログラム

を2020年度から推進しており，「共創 IT カンパニー」の実現に向けた長期的な取り組みも始めております。

■専門性認定制度

　プロフェッショナル人材育成の根幹となる制度で，スキル標準をベースに当社が独自に定義した専門分野ごとのキャリアフレーム・人材像における到達レベルを厳格に評価・認定し，人材を育成・可視化するしくみです。キャリアフレーム・人材像は事業モデルの変化に応じて継続的に見直しを行っており，この専門性認定を活用して，事業ポートフォリオの変化に対応した人材ポートフォリオの As is-Tobe ギャップを明確化する取り組みを推進しております。

■i－University

　継続的な学びと成長の機会を提供する全社教育体系・制度で，リーダーシップ・キャリア・グローバル・専門能力・Re-Skilling の研修カテゴリーを設定し200コース以上の研修を提供しております。人材ポートフォリオの As is-Tobe ギャップ解消を動的に進めるため，都度，経営ニーズに対応してコンテンツを見直しております。また,「学び手当」「資格取得報奨金」「学びインセンティブ」等の制度により自己研鑽を奨励し，多様な技術・知識・スキルの習得を促進しております。

■CDP制度

　人材価値最大化の基本サイクルの中心にあるしくみで，社員一人ひとりの多様性や専門性を活かしながら活躍・成長し続けられるよう，キャリアプランを上司と共有し育成や配置につなげております。経営戦略の中長期的な変化と個々人の成長の方向感を共有し擦り合わせながら，新たな価値創出にチャレンジできるプロフェッショナル人材の育成を計画的に推進しております。

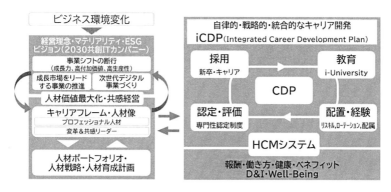

＜Well-Being・D&Iの推進＞

　社員一人ひとりの自律的な成長と，お客様や社会との共創による新たな価値創出を通して，働きがいとパフォーマンスの向上を実現するためには，社員が安心・安全に業務にあたれる職場環境を整備することが大変重要であることから，働きやすい職場環境づくりに積極的に取り組んでおります。そして，新たな価値を社会に提供し続ける上では，心身共に良いコンディションを維持し，組織への高いエンゲージメントを維持していることが必要であるため，「心身の健康に加えて，仕事に対する充実感や働きがい，社会に役立っているという実感が，社員一人ひとりの幸福感，Well-Beingにつながる」という考えのもと，以下の施策を中心に「Well-Being経営」の取り組みを進めております。

■健康経営

　当社グループにとって，事業の根幹を支える一番大切な資産は"人"であり，社員一人ひとりが心身共に健康であることが事業発展の礎である旨を「健康経営の理念」として明文化し，会社と社員が果たすべき責務と共に就業規則に定め，健康経営を人材価値最大化の重点施策として中長期的に取り組んでおります。また，当社では，健康関連施策を企画・実施する「D&I・Well-Being推進部」，社員が運営する「SCSK働きやすい職場づくり委員会」，保険給付・保健事業を担当する「SCSK健康保険組合」がお互いに連携を図り，経営トップ自らが「健康経営推進最高責任者」に就くことで，健康経営の推進をリードしております。

　こうした取り組みは外部からも高く評価されており，経済産業省が実施する

「健康経営度調査」においては，社員の健康管理を経営的な視点から考え戦略的に取り組んでいる企業として，経済産業省と東京証券取引所から「健康経営銘柄」に，2015年の選定開始以来9年連続で選定されました。

（ご参考）

SCSK，「健康5経営銘柄」に9年連続で選定（2023年3月）
https://www.scsk.jp/news/2023/pdf/20230308.pdf

■ダイバーシティ＆インクルージョン

当社グループでは，社員一人ひとりの多様な個性や価値観を尊重し，互いの力を最大限に活かすことが，変化する社会情勢に対応し，多様化するお客様ニーズに応える価値あるサービスを提供し続ける上で必要不可欠であることから，ダイバーシティ＆インクルージョンを重要な経営戦略の一つと位置付けております。また，これまで進めてきた働き方改革や健康経営の取り組みを土台に，社員一人ひとりが働きがいを抱き，いきいきと活躍できる組織文化の実現を目指しております。

多様な人材がお互いに仲間として認め，理解し合うことが組織として高い力を発揮することから，「属性」「意見・見解」「能力・経験」の3つの観点から取り組みを進めております。

これまで，育児や介護などとの両立支援，シニア人材の活躍推進，LGBTQに関する施策の推進など取り組みを進めておりますが，真に女性が活躍できる組織風土の実現は，より広義なD&Iを実現していく上で礎になるととらえ，2012年にD&I推進の専任組織を設置して以来，女性の活躍推進に積極的に取り組んでまいりました。これまで女性管理職の積極的登用の目標として「女性管理職100名」を設定し，育成とキャリア開発支援に取り組んでおり，2023年3月期には，女性管理職登用総数は132名となっております。さらに，部長級の女性管理職の登用および極めて高度な専門性を持つ人材（専門性認定制度レベル5以上）の育成の取り組みを進め，すべての社員の能力を最大限に引き

出し，その力を事業成長に活かすことで，持続的成長と新たな価値を創出し続ける企業を目指しております。

（ご参考）

女性活躍推進法に基づく「一般事業主行動計画」（2021年度〜2025年度）

https://www.scsk.jp/corp/csr/diversity.html#wactivity

（指標と目標）

　新中期経営計画においては，先進技術者の継続育成に加え，コンサルティング機能の拡充や新規事業開発強化を担うコンサル・ビジネスデザイン人材，質の高いプロジェクト遂行とマネジメントができる高度PM人材の採用や育成強化，報酬水準の引き上げ等により人的資本価値の向上を推し進めるため，100億円規模の人財投資を実行してまいります。

　また，社員が実感する"働きやすさと働きがい"によるエンゲージメントの向上と，"心身の健康"によるパフォーマンス発揮の向上は，技術の変遷や事業環境の変化に関わらず求められる基盤的な事項であり，当社の人的資本価値を高める上での重要KPIとして設定し，今後，当社グループ全体で取り組みを推進してまいります。

※1　社員意識調査で，「働きやすい会社」および「やりがいのある会社」の両項目にポジティブ回答を行った社員の割合。2023年3月期の実績（単体）は，それぞれ90.6%，75.6%。なお今後は調査対象範囲を国内グループ会社に拡大する予定。

※2　社員意識調査で，「自分の能力が十分活かされている」項目にポジティブ回答し，さらに健康アンケートで「健康な状態で発揮できるパフォーマンスを100%としたときに80%以上発揮出来ている」と回答した社員の割合。2023年3月期実績（単体）は，それぞれ76.8%，81.7%。本指標についても，※1と同様に今後は調査対象範囲を国内グループ会社に拡大する予定。

（ご参考）

「人的資本・多様性」に関する詳細な情報については，当社WEBサイト（https://www.scsk.jp/ir/library/report/index.html）に公表されている「統合報告書」をご参照ください。

3　事業等のリスク

（1）　リスクマネジメントの基本方針と体制

当社では，リスクを「損失を被る可能性，又は事業活動から得られるリターンが想定から外れる可能性」と定義し，当社グループの事業活動の安定化と企業価値の向上を図るため，事業活動遂行時のさまざまなリスクを可能な限り想定し，以下の目的を持って継続的なリスクマネジメントを実施しております。

業績安定・成長	実績が計画から乖離しないよう事業運営することによって業績の安定性を高め、持続的に成長すること
体質強化	ビジネスモデルから想定される潜在リスクについて、リスクが顕在化した場合においても事業継続が可能となるよう損失を限定的にすること
信用維持	法令遵守を始めとした企業の社会的な責任を果たすことにより、信用の維持と向上を図ること

当社では，グループの事業に重大な影響を及ぼす可能性のあるリスクを適切にマネジメントするため，リスクマネジメントに関する規程を定め，併せてリスクマネジメントの統括部署としてリスクマネジメント部を設置しております。本規程に基づき，毎年定期的に国内外のグループ会社も含めリスクアセスメント（リスクの特定・分析・評価）を実施しております。その実施にあたっては，リスク所管部署並びに事業グループ等の各組織が，リスクマネジメント部と協力してリスクシナリオを作成の上，リスクを洗い出し，影響度と発生可能性の2軸で定量的にリスク評価をしております。その後，リスクマネジメント部において各リスクを全社リスクマップとして可視化させ，重点的対応が必要と考えられるリスクについては，当該リスクの性質や状況に着目しつつ，適切な対策が講じられるよう取組んでおります。

リスクマネジメント部は，これら一連のリスクマネジメント活動が適正に機能するよう，全社視点で一元的にリスク管理状況の把握・評価を行い，定期的に執行役員社長に対して報告するとともに，適宜リスク対応方針の指示を受けております。また，これらの状況全般について，経営会議へ報告の上，取締役会に報告

しております。

リスクマネジメント体制

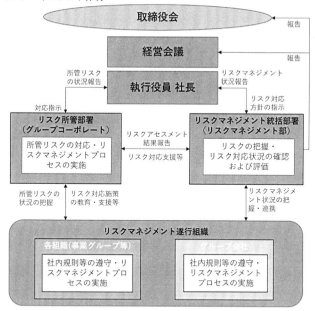

上述のリスクマネジメント活動を通じて，事業環境の変化に適応するためにリスクマネジメントの高度化に努めております。

（2）事業等のリスク

当社グループの事業（経営成績と財政状態）に重大な影響を及ぼす可能性のあるリスクには，次のようなものがあります。なお，文中における将来に関する事項は当連結会計年度末現在において当社グループが判断したものであります。

① 事業環境リスク

当社グループが属する IT サービス業界において，クラウド化や DX 化の進行による市場の質的変化に加え，慢性的な IT 人材不足や顧客企業の内製化が加速している状況にあります。一方，サステナビリティ意識の高まりを受け，政府や企業等においても「脱炭素」，「循環経済」等，社会課題解決への取り組みは活発化

(point) 生産及び販売の状況

生産高よりも販売高の金額の方が大きい場合は，作った分よりも売れていることを意味するので，景気が良い，あるいは会社のビジネスがうまくいっていると言えるケースが多い。逆に販売額の方が小さい場合は製品が売れなく，在庫が増えて景気が悪くなっていると言える場合がある。

しております。また，長期化するロシアのウクライナ侵攻等，地政学リスクによるエネルギー情勢等を背景にした物価や人件費の高騰が起きております。このような環境の下，事業環境・経営環境の変化等により顧客企業の IT 投資への意欲が急速かつ大きく変化した場合や，業界内部での価格競争が今より激化した場合には，当社グループの業績に影響を及ぼす可能性があります。また，顧客企業における IT 投資実行の時期と規模は，経済環境，金利・為替動向等に影響を受けるため，間接的に当社グループの業績も影響を受ける可能性があります。

このため，当社グループは経営の基本スタンスとして「成長戦略としてのサステナビリティ経営」を掲げ，コアコンピタンスであるデジタル技術を活用して，様々な業種・業態の顧客企業と社会と共に，各種の社会課題にビジネス機会を見出し，社会が必要とする経済価値と社会価値の創出を実現することに取り組んでおります。従来の事業分野や事業モデルにとらわれることなく，成長可能性のある市場・事業領域を選択し，より収益性・生産性の高い事業モデルへとシフトすることを目指します。

② **システム開発リスク**

当社グループは，顧客企業の各種情報システムの受託開発業務を行っておりますが，大型かつ複雑化・短納期化するシステムの開発においては，計画どおりの品質を確保できない場合や，開発期間内に完了しないことによるコスト増大の可能性があり，当社グループの業績に影響を及ぼす可能性があります。また，生産能力の確保，コストの効率化，技術力・ノウハウ活用のためにニアショアを含む多数の業務委託会社と取引しておりますが，期待した生産性や品質が維持できない可能性があります。

このため，当社グループでは，専門部署による引合い・見積り段階でのチェックや案件の進捗管理，品質チェックの実施等で全社標準を整備・運用し，さらには業務委託会社の総合的審査の実施や委託業務の進捗及び品質管理の徹底により，納入するシステム全体に，予定しない不具合が生じないよう組織的に努力し，リスクの低減に努めております。

③ **技術革新への対応に伴うリスク**

IT の技術革新は激しく，既存技術の進化や新たな技術へのキャッチアップの遅

(point) **対処すべき課題**

有報のなかで最も重要であり注目すべき項目。今，事業のなかで何かしら問題があればそれに対してどんな対策があるのか，上手くいっている部分をどう伸ばしていくのかなどの重要なヒントを得ることができる。また今後の成長に向けた技術開発の方向性や，新規事業の戦略についての理解を深めることができる。

れ，また IT サービス市場における技術標準の急速な変化によって，当社グループが保有する技能・ノウハウ等が陳腐化し，競争優位性を喪失する可能性があります。このような環境下，当社グループが技術変化の方向性を予測・認識できない場合や，予測し得ても適切に対応できない場合には，当社グループの業績に影響を及ぼす可能性があります。

　このため，当社グループでは，技術革新に適時・的確に対応する以下のような戦略的取り組みを行っております。

- ・研究開発組織を設置し，先端・先進技術の開発や市場の技術動向分析，政府の IT 戦略と重点分野の把握，保有技術把握の実施。
- ・スタートアップ・アクセラレーターやコーポレート・ベンチャーキャピタルファンドを通じた新しい技術の組織的発掘の推進（技術提携を含む）。
- ・従業員の技術スキル向上を目的とした取り組みの実施。

　また，システム構築やサービス提供にかかる技術並びに製品の調達の分散化を図ると同時に，特定の技術・ノウハウ・製品に過度の収益を依存することなく，ビジネスを推進しております。

④　情報セキュリティリスク

　当社グループでは，顧客向けに各種の IT サービスを提供しており，システム開発から運用に至るまで，業務を通じて，顧客企業が保有する個人情報やシステム技術情報等の各種機密情報を知り得る場合があります。このような状況において，コンピュータウイルスや不正アクセス等のサイバー攻撃，もしくは人為的過失等により，機密情報の漏えい・改ざん等が発生する可能性があります。あるいは顧客システムの運用障害やその他の理由により，顧客向け IT サービスが停止を余儀なくされる可能性があります。この結果，顧客企業等からの損害賠償請求や当社グループへの信頼喪失を招き，当社グループの業績に影響を及ぼす可能性があります。

　このため，当社グループでは，セキュリティシステムを導入し，サイバー攻撃の検知時に的確に対応する体制を整備しております。また，役職員のコンプライアンス意識の徹底を図るとともに，当社グループのみならず各種機密情報を取り扱う業務委託会社も含めて啓発と教育を徹底する，全社開発標準に情報セキュリ

ティ観点を組み込み，情報セキュリティ監査を実施する等の情報セキュリティ強化策を講じております。業務委託会社には当社の規定する「情報セキュリティガイドライン」の遵守を求め，確認書による定期的なモニタリング，必要に応じたオンサイトレビュー（立入調査）及び是正指導等により，当社グループと同レベルの情報セキュリティの確保と情報管理の徹底を要請しております。また，予期せぬ情報流出・漏えいの発生に備え，専用保険に加入しております。

⑤　投資リスク

当社グループでは，ソリューション提供力強化，生産能力確保，最先端分野における技術力獲得・向上，最新のソフトウェア・ハードウェア等の製品調達力確保等を目的に国内外の事業会社やベンチャー企業への投融資，これら企業からの試作製品の購入を行っております。また，重点分野や新規分野におけるソフトウェア開発やサービス開発のための投資を行っております。こうした投資は事業投資先の業績悪化や計画未達成等のため，当初見込んだリターンが得られない，もしくは損失を被り，当社グループの業績に影響を及ぼす可能性があります。

このため，当社グループでは，投資に際しては，事業投資先や投資に伴う事業計画，リスク・リターン等について十分に検討し，また，投資後であっても，計画進捗のチェックやモニタリングを行う等リスク管理体制を整え，強化に努めております。

⑥　知的財産権に関するリスク

当社グループは，外部ベンダーの開発・製造によるソフトウェア・ハードウェア等の製品を多数の顧客企業に対し販売・納入しており，このような事業活動において，第三者が知的財産権の侵害を含む訴訟等を当社グループに対して提起する可能性があります。これらの訴訟等の内容及び結果によっては，当社グループの業績に影響を及ぼす可能性があります。

このため，当社グループでは第三者の知的財産権に関する調査等を行うとともに，知的財産権に関する社内での教育・啓発を図り，第三者の知的財産権を侵害しないよう努めております。

⑦　製品調達リスク

当社グループでは，国内外のベンダー各社から，幅広く選りすぐりのソフトウェ

(point) **事業等のリスク**

「対処すべき課題」の次に重要な項目。新規参入により長期的に価格競争が激しくなり企業の体力が奪われるようなことがあるため，その事業がどの程度参入障壁が高く安定したビジネスなのかなど考えるきっかけになる。また，規制や法律，訴訟なども企業によっては大きな問題になる可能性があるため，注意深く読む必要がある。

ア・ハードウェア等の製品を調達して顧客企業に提供しておりますが，これらベンダー各社の事業戦略の突然の変更による製品仕様の変更やグローバル化が進むサプライチェーンが様々な世界情勢によって停滞すること等による製品供給の停止が当社グループの業績に影響を及ぼす可能性があります。

このため，独自の海外拠点・ネットワークを活用して海外製品・技術の発掘，情報収集に努めている他，国内外のベンダー各社と良好な取引関係を維持して製品販売戦略を共有しつつ，必要な場合は当社が適量の在庫を保持することにより安定的な製品の調達を図っております。

⑧ **大規模な自然災害等によるリスク**

本社を含めた大都市圏の拠点と資産が首都直下型地震や南海トラフ地震等の大規模震災により被災した場合や気候変動に起因した大規模自然災害及び世界的な流行が懸念される新型ウイルス等の感染症が発生した場合，当社グループの業績に影響を及ぼす可能性があります。

このため，不測の事態の発生に備え，事業継続計画の策定や災害対策本部の整備，経営機能を代行可能なバックアップ拠点の整備等の他，当社グループ社員や当社グループで働くパートナーの在宅勤務等を通じ，従業員の安全の確保に努めつつ，事業継続のための体制強化を図っております。

⑨ **人材の確保・育成に関するリスク**

当社グループの事業活動は人材に大きく依存しており，人材の確保・育成が想定どおりに進まない場合，当社グループの業績に影響を及ぼす可能性があります。

このため，ワークライフバランス，ダイバーシティ＆インクルージョン，健康管理，人材育成の4つの観点において環境整備を図りながら，各事業領域において優秀な人材を確保・育成することに注力しております。

⑩ **サステナビリティに関するリスク**

(a) 気候変動に関するリスク

異常気象や風水害が社会生活や事業活動に及ぼす影響が甚大であることから，企業に対して社会全体から温室効果ガスの排出量削減に向けた取り組みや，再生可能エネルギーの導入など「脱炭素社会」へ向けた積極的な対応が求められております。このような中，顧客企業をはじめとする様々なステークホルダー

から当社グループの脱炭素社会実現に向けた取り組みが不十分だとみなされた場合，事業機会の逸失や社会的評価の低下を招き，業績に影響を及ぼす可能性があります。

このため，当社グループでは，SBTイニシアチブの認定を取得した中長期的な温室効果ガス排出量の削減目標を設定し，削減に向けて，環境に配慮した事業活動に意欲的に取り組むとともに，幅広い業界にわたる顧客企業やパートナー企業との共創を通じて脱炭素社会の実現に貢献しております。また，当社グループのカーボンニュートラル実現に向けた取り組みについてはホームページで開示しております。

(https://www.scsk.jp/corp/csr/environment/carbonneutral.html)

(b)　人権に関するリスク

国連で「ビジネスと人権に関する指導原則」が採択されるなど，社会的責任の観点から企業に対して人権に配慮した適切な対応が要請されております。人権にかかわる対応が不十分な場合，当社グループの社会的な信用が低下し，業績に影響を及ぼす可能性があります。

このため，当社グループでは，事業活動に関わる一人ひとりの個性や価値観を尊重し，互いの力を最大限に活かせるよう，経営理念とともに約束の一つとして「人を大切にします。」を掲げております。これらに基づき，当社グループの事業活動の影響を受けるすべての人々の人権を尊重するという考え方や責任について示すものとして「SCSKグループ人権方針」を策定しております。また，人権デュー・ディリジェンスの仕組みを構築することで，事業とサプライチェーン全体で起こりうる人権への負の影響を特定し，その防止，又は軽減を図るように継続的に努め，企業として社会的責任を果たしております。

4　経営者による財政状態，経営成績及びキャッシュ・フローの状況の分析

文中の将来に関する事項は，当連結会計年度末現在において，当社グループが判断したものであります。

当連結会計年度におけるわが国経済は，海外でのインフレ抑止としての急速な利上げの影響による大幅な円安やウクライナ情勢等を受けた資源価格の上昇，ま

た，米国銀行の経営破綻をきっかけとした金融システムへの不安等がありましたが，ウィズコロナの下で，国内での経済活動が活発化し，緩やかながらも景気は持ち直しの動きが続きました。

　日本経済の先行きにつきましては，経済・社会活動の正常化が進む中で，金融政策・財政政策・成長戦略の一体的な推進を通じた本格的な経済回復軌道への復帰が期待されます。一方，世界的な金融引き締めが続く中での海外景気の下振れが日本経済を下押しするリスクが存在しております。また，ウクライナ情勢の長期化に伴う原材料価格の上昇や供給面への制約に加えて，金融資本市場の変動による影響には十分に注意する必要があります。

　このような経済環境の下，ITサービス市場におきましては，幅広い業種にわたり事業の拡大や競争力強化を目的としたIT投資への意欲は強く，顧客企業におけるIT投資の拡大基調が続いております。世界的な物価上昇や一部供給面での制約を受けて，企業の業況判断には慎重な見方が出る中でも，社会のデジタル化に対応するための既存システムのクラウド対応需要等，IT投資需要の持続的な成長が期待されます。

　当社グループにおける顧客企業の動向につきましては，製造業企業においては，事業基盤強化のための戦略的投資や基幹システムの再構築等，IT投資需要は増加基調を続けております。金融業企業においては，資金洗浄・不正取引の検知・防止を目的とした投資需要が堅調に推移し，流通業企業においては，基幹システム構築や事業基盤強化のためのIT投資需要が増加いたしました。

　また，顧客企業の業務効率と生産性向上への強い意欲等を背景に，各種クラウド型ITサービスへの需要や，ソフトウェアのエンドオブサービスに対応する基幹システム再構築等の投資需要は継続しており，こうした動きのなかで，DXを想定したシステムの再構築や戦略的IT投資需要は，今後も継続するものと考えております。

（1）財政状態の状況資産，負債及び資本の状況 ·····································

（資産）

　当連結会計年度末の資産は，前連結会計年度末に対し27,860百万円増加し，435,469百万円となりました。

(a) 流動資産

当連結会計年度末の流動資産は，営業債権及びその他の債権や契約資産の増加等により，前連結会計年度末に対し14,043百万円増加し，244,099百万円となりました。

(b) 非流動資産

当連結会計年度末の非流動資産は，有形固定資産及び使用権資産の取得による増加等により，前連結会計年度末に対し13,816百万円増加し，191,370百万円となりました。

(負債)

当連結会計年度末の負債は，前連結会計年度末に対し2,821百万円増加し，163,066百万円となりました。

(a) 流動負債

当連結会計年度末の流動負債は，有利子負債や営業債務及びその他の債務の増加等により，前連結会計年度末に対し7,191百万円増加し，108,367百万円となりました。

(b) 非流動負債

当連結会計年度末の非流動負債は，1年内償還予定の社債への振替による社債及び借入金の減少等により，前連結会計年度末に対し4,369百万円減少し，54,699百万円となりました。

(資本)

当連結会計年度末の資本は，前連結会計年度末に対し25,039百万円増加し，272,403百万円となりました。

主な増加要因は，親会社の所有者に帰属する当期利益37,301百万円によるものであります。

主な減少要因は，2022年3月期期末配当金（1株当たり23.34円）7,286百万円並びに2023年3月期中間配当金（1株当たり26.00円）8,119百万円によるものであります。

セグメント別資産の状況

（産業IT）

　当連結会計年度末の資産は，前連結会計年度末に対し，12,360百万円増加し，60,710百万円となりました。

（金融IT）

　当連結会計年度末の資産は，前連結会計年度末に対し，3,999百万円増加し，18,930百万円となりました。

（ITソリューション）

　当連結会計年度末の資産は，前連結会計年度末に対し，2,159百万円増加し，27,195百万円となりました。

（ITプラットフォーム）

　当連結会計年度末の資産は，前連結会計年度末に対し，1,758百万円減少し，42,485百万円となりました。

（ITマネジメント）

　当連結会計年度末の資産は，前連結会計年度末に対し，4,611百万円増加し，76,809百万円となりました。

（その他）

　当連結会計年度末の資産は，前連結会計年度末に対し，8百万円減少し，27,581百万円となりました。

（2）　経営成績の状況

　当連結会計年度の業績につきましては，売上高は，拡大を続けるIT投資需要を背景としたシステム開発の増加や堅調な保守運用・サービス，また，ネットワーク・セキュリティ機器等の販売増加によって，システム開発，保守運用・サービス，システム販売の全ての売上区分において増収し，前期比7.7％増の445,912百万円となりました。

　営業利益は，当初より想定していたデータセンターや自社ERPパッケージProActiveC4の償却費，各種事業投資関連費用の増加に加えて，企業ブランド価値向上に向けたCM放送に係る費用増，不採算案件の発生による影響がありまし

たが，増収に伴う増益とシステム開発を中心とした利益率の向上等により，前期
比8.0％増の51,361百万円となりました。

　親会社の所有者に帰属する当期利益につきましては，投資有価証券の評価益を
計上したことで，前期比11.4％増の37,301百万円となりました。

　当社グループはさらなる成長に向け，成長戦略として「サステナビリティ経営」
を推進します。経営理念とマテリアリティを当社グループの存在意義としたうえ
で，社会と共に持続的発展を目指し，「2030年共創ITカンパニー」の実現のため，
「顧客や社会に対して，新たな価値を提供し続けるため，事業分野，事業モデル
を再構築すること」，「社員の成長が会社の成長ドライバーと認識し，社員一人ひ
とりの市場価値を常に最大化すること」を，策定した中期経営計画の方針とし，
総合的企業価値の飛躍的な向上に向け取り組んでまいります。

① **売上高**

　当連結会計年度の売上高は，前期比7.7％増の445,912百万円となりました。

　また，サービス特性別の「システム開発」「保守運用・サービス」「システム販売」
の各売上区分別売上高は次のとおりであります。

売上区分別売上高	前連結会計年度 （　自　2021年4月1日 　至　2022年3月31日　）		当連結会計年度 （　自　2022年4月1日 　至　2023年3月31日　）		前期比	
	金額	構成比	金額	構成比	金額	増減率
	百万円	％	百万円	％	百万円	％
システム開発	167,967	40.6	180,433	40.5	12,465	7.4
保守運用・サービス	162,407	39.2	175,638	39.4	13,230	8.1
システム販売	83,776	20.2	89,841	20.1	6,064	7.2
合　　計	414,150	100.0	445,912	100.0	31,761	7.7

　システム開発は，製造業や流通業を中心とした引き続き強いIT投資需要を背
景に，基幹システム構築や事業基盤強化のためのIT投資需要等が貢献し，売上
高は前期比7.4％増の180,433百万円となりました。

　保守運用・サービスは，コンタクトセンターの需要増加によるBPOビジネス
が堅調に推移したこと，また，データセンタービジネスや検証サービスが拡大し
たことにより，売上高は前期比8.1％増の175,638百万円となりました。

　システム販売は，ネットワーク・セキュリティ製品の販売が増加したことによ

り，売上高は前期比7.2％増の89,841百万円となりました。

② **売上総利益**

　当連結会計年度の売上総利益は，増収に伴う増益や生産性向上等により，前期比8.8％増の117,679百万円となりました。

③ **販売費及び一般管理費**

　当連結会計年度の販売費及び一般管理費については，事業投資等により前期比9.4％増の66,491百万円となりました。

④ **その他収益・その他費用 [純額]**

　当連結会計年度のその他収益（費用）は，前連結会計年度の148百万円の収益[純額]から25百万円増加し，173百万円の収益 [純額]となりました。

⑤ **営業利益**

　以上により，当連結会計年度の営業利益は，前期比8.0％増の51,361百万円となりました。

⑥ **金融収益・金融費用・持分法による投資損益 [純額]**

　当連結会計年度の金融費用（収益）は，前連結会計年度の492百万円の費用 [純額]から1,554百万円減少し，1,062百万円の収益 [純額]となりました。また，当連結会計年度の持分法による投資利益（損失）は，前連結会計年度の1,252百万円の利益 [純額]から339百万円減少し，913百万円の利益 [純額]となりました。

⑦ **税引前当期利益**

　当連結会計年度の税引前当期利益は，前期比10.4％増の53,336百万円となりました。

⑧ **法人所得税費用**

　当連結会計年度の法人所得税費用は，前期比8.0％増の15,999百万円となりました。

⑨ **非支配持分に帰属する当期利益**

　当連結会計年度の非支配持分に帰属する当期利益は，35百万円となりました。

⑩ **親会社の所有者に帰属する当期利益**

　親会社の所有者に帰属する当期利益は，前期比11.4％増の37,301百万円とな

りました。また，1株当たり当期利益は，前連結会計年度の107.20円から
12.24円増加し119.44円となりました。

　セグメント別業績の概要は次のとおりとなっております。なお，売上高につき
ましては外部顧客への売上高を表示しております。

（単位：百万円）

	前連結会計年度 （ 自　2021年4月1日 　至　2022年3月31日　）		当連結会計年度 （ 自　2022年4月1日 　至　2023年3月31日　）		前期比	
	売上高	営業利益	売上高	営業利益	売上高	営業利益
産業IT	132,203	16,637	149,398	19,522	17,194	2,884
金融IT	56,526	7,107	59,385	6,794	2,858	△312
ITソリューション	63,327	5,972	68,724	7,314	5,397	1,342
ITプラットフォーム	83,969	12,003	88,456	12,833	4,486	829
ITマネジメント	55,473	6,469	56,709	6,308	1,236	△161
その他	22,826	1,599	23,223	1,618	396	18
調整額	△177	△2,235	14	△3,029	192	△794
合　　計	414,150	47,555	445,912	51,361	31,761	3,806

（産業IT）

　自動車・電機をはじめとする各種製造業の戦略領域における投資需要の拡大，
流通業向け基幹システム再構築案件等の開発案件増加，検証サービスの拡大等に
より，売上高は前期比13.0％増の149,398百万円，営業利益につきましては，
前期比17.3％増の19,522百万円となりました。

（金融IT）

　信販・リース業向けの不正検知関連システム開発や，DevOps案件の拡大に加
え，生損保業向けの大型ライセンス販売等により，売上高は前期比5.1％増の
59,385百万円となりました。営業利益につきましては，当連結会計年度に複数
発生した銀行業向け不採算案件の影響により，前期比4.4％減の6,794百万円と
なりました。

（ITソリューション）

　製造業向けを中心とする基幹システム構築案件やBPOビジネスが堅調に推移

し，売上高は前期比8.5％増の68,724百万円，営業利益につきましては，前期
比22.5％増の7,314百万円となりました。

（ITプラットフォーム）
　主に通信業の特定顧客向け機器販売や流通卸向けのネットワーク・セキュリ
ティ製品販売が堅調に推移したことにより，売上高は前期比5.3％増の88,456
百万円，営業利益につきましては，前期比6.9％増の12,833百万円となりました。

（ITマネジメント）
　データセンタービジネスの拡大により，売上高は前期比2.2％増の56,709百万
円となりました。営業利益につきましては，新設したデータセンターの償却費・
運用コストの増加，電気料金高騰の影響により，前期比2.5％減の6,308百万円
となりました。

（その他）
　売上高は前期比1.7％増の23,223百万円，営業利益につきましては，前期比
1.2％増の1,618百万円となりました。

（3）　重要な会計上の見積り及び当該見積りに用いた仮定 ·······················
　当社グループの連結財務諸表は，「連結財務諸表の用語，様式及び作成方法に
関する規則」第93条の規定によりIFRSに準拠して作成しております。この連結
財務諸表作成に当たって，必要と思われる見積りは，合理的な基準に基づいて実
施しております。
　なお，当社グループの連結財務諸表の作成に用いた重要な会計上の見積り及び
当該見積りに用いた仮定は，「第5経理の状況1連結財務諸表等（1）連結財務諸
表連結財務諸表注記4．見積り及び判断の利用」に記載しております。

（4）　生産，受注及び販売の状況 ···
①　生産実績
　当連結会計年度における生産実績をセグメントごとに示すと次のとおりであり
ます。

セグメントの名称	生産高(百万円)	前期比(%)
産業IT	149,398	+13.0
金融IT	59,385	+5.1
ITソリューション	68,724	+8.5
ITプラットフォーム	88,456	+5.3
ITマネジメント	56,709	+2.2
その他	23,237	+2.6
合計	445,912	+7.7

(注) 1　セグメント間取引については，相殺消去しております。
　　 2　金額は販売価格によっております。

② 受注実績

当連結会計年度における受注実績をセグメントごとに示すと次のとおりであります。

セグメントの名称	受注高(百万円)	前期比(%)	受注残高(百万円)	前期比(%)
産業IT	156,450	+16.3	58,590	+15.6
金融IT	59,200	△7.9	26,169	△0.8
ITソリューション	68,010	+5.6	34,518	△2.0
ITプラットフォーム	87,023	△0.6	39,016	△3.5
ITマネジメント	46,547	△21.2	37,106	△22.9
その他	22,701	△1.3	7,118	△7.3
合計	439,933	+1.6	202,520	△2.9

(注) セグメント間取引については，相殺消去しております。

なお，当社グループは受注実績を下記の基準にて従来より開示しております。
・役務サービス等に関する複数年契約について，基準日以降1年間の売上高を算出し，受注残高とする。
・保守サービス等の自動更新条項が付与された契約について，契約が継続されることを前提とし，基準日以降1年間の売上を算出し，受注残高とする。
上記の基準で作成した受注実績は以下のとおりであります。

セグメントの名称	受注高(百万円)	前期比(%)	受注残高(百万円)	前期比(%)
産業IT	155,803	+14.5	56,425	+12.8
金融IT	60,501	+0.3	21,179	+5.6
ITソリューション	69,308	+5.9	35,257	+1.7
ITプラットフォーム	87,298	+0.5	34,369	△3.3
ITマネジメント	53,704	△6.0	26,779	△10.1
その他	23,343	+5.9	7,118	+1.5
合計	449,961	+5.1	181,131	+2.3

(注) セグメント間取引については，相殺消去しております。

③ 販売実績

当連結会計年度における販売実績をセグメントごとに示すと次のとおりであります。

セグメントの名称	販売高(百万円)	前期比(%)
産業IT	149,398	+13.0
金融IT	59,385	+5.1
ITソリューション	68,724	+8.5
ITプラットフォーム	88,456	+5.3
ITマネジメント	56,709	+2.2
その他	23,237	+2.6
合計	445,912	+7.7

(注) 1 セグメント間取引については，相殺消去しております。
　　 2 主な相手先別の販売実績（直接販売）及び当該販売実績の総販売実績に対する割合
　　　　※外部顧客への売上高のうち，連結損益計算書の売上高の10％以上を占める相手先がないため，
　　　　記載はありません。
　　 3 各報告セグメントの概要につきましては，「第5経理の状況1連結財務諸表等（1）連結財務諸表連結
　　　　財務諸表注記5.　セグメント情報」の「(1) 報告セグメントの概要」をご参照ください。
　　 4 その他には，収益認識におけるIFRSとの調整額14百万円が含まれております。

また，生産実績・受注実績・販売実績について，サービス特性により分類したシステム開発，保守運用・サービス，システム販売等に分類すると次のとおりであります。

① 生産実績

	生産高(百万円)	前期比(%)
システム開発	180,433	+7.4
保守運用・サービス	175,638	+8.1
システム販売	89,841	+7.2
合計	445,912	+7.7

(注) 金額は販売価格によっております。

上記各区分の概要は以下のとおりであります。

システム開発

広範な業種の顧客に対する，最新の情報通信技術と長年蓄積された豊富な業務ノウハウによる，一貫した信頼性の高いトータルソリューションサービスの提供

保守運用・サービス

専用データセンターの構築・運営管理並びに，長年の経験と培われたノウハウ，「ISO9001」をベースにした運用管理技術による，安全で，信頼性の高いコンピュータ，通信ネットワークシステムの保守・運用サービスなどの提供

システム販売

各メーカーの各種サーバ，クライアント機器，ストレージ機器，通信ネットワーク関連機器及びパッケージ・ソフトウェア商品等を組み合わせたソリューションの提供

② 受注実績

	受注高(百万円)	前期比(%)	受注残高(百万円)	前期比(%)
システム開発	184,781	+5.8	49,348	+9.7
保守運用・サービス	166,297	△3.4	126,439	△6.9
システム販売	88,855	+3.4	26,731	△3.6
合計	439,933	+1.6	202,520	△2.9

なお，当社グループは受注実績を下記の基準にて従来より開示しております。

・役務サービス等に関する複数年契約について，基準日以降1年間の売上高を算出し，受注残高とする。

・保守サービス等の自動更新条項が付与された契約について，契約が継続されることを前提とし，基準日以降1年間の売上を算出し，受注残高とする。

上記の基準で作成した受注実績は以下のとおりであります。

	受注高(百万円)	前期比(%)	受注残高(百万円)	前期比(%)
システム開発	186,277	+8.7	46,502	+14.4
保守運用・サービス	174,828	+2.5	107,897	△0.7
システム販売	88,855	+3.4	26,731	△3.6
合計	449,961	+5.1	181,131	+2.3

③ 販売実績

	販売高(百万円)	前期比(%)
システム開発	180,433	+7.4
保守運用・サービス	175,638	+8.1
システム販売	89,841	+7.2
合計	445,912	+7.7

（注）　金額は販売価格によっております。

(5) キャッシュ・フローの状況 ···

当連結会計年度末における現金及び現金同等物（以下「資金」という。）は，前連結会計年度末に比べ173百万円増加し，121,425百万円となりました。各キャッシュ・フローの増減状況とそれらの要因は次のとおりであります。

① 営業活動によるキャッシュ・フロー

営業活動の結果，増加した資金は43,592百万円（前期比15,488百万円減少）となりました。

主な増加要因は，税引前当期利益53,336百万円，減価償却費及び償却費20,629百万円，営業債務及びその他の債務の増加による資金の増加3,010百万円によるものであります。主な減少要因は，営業債権及びその他の債権の増加による資金の減少8,477百万円，契約資産の増加による資金の減少4,286百万円，法人所得税の支払による資金の減少18,450百万円によるものであります。

② 投資活動によるキャッシュ・フロー

投資活動の結果，減少した資金は14,950百万円（前期比22百万円減少）となりました。主な減少要因は，有形固定資産の取得による資金の減少9,681百万円，無形資産の取得による資金の減少4,630百万円によるものであります。

③ 財務活動によるキャッシュ・フロー

　財務活動の結果，減少した資金は29,074百万円（前期比3,268百万円増加）となりました。主な増加要因は，借入による収入12,250百万円によるものであります。主な減少要因は，社債の償還及び借入金の返済による支出17,000百万円，リース負債の返済による支出8,998百万円，2022年3月期期末配当金（1株当たり23.3円）7,286百万円及び2023年3月期中間配当金（1株当たり26.0円）8,119百万円の支払によるものであります。

④ 資本の財源及び資金の流動性に係る情報

・基本方針・資金需要の主な内容

　　前述の中期経営計画における基本戦略を着実に推進するため，投資活動として自社知財の開発・拡充に向けた研究及び開発投資，経営基盤強化に向けた設備投資，先端技術研究を目的とした国内外ベンチャー企業との業務資本提携，先進技術者やコンサル人材等の育成・採用にかかる人財投資等を実行してまいります。また，成長領域における競争力強化に資する技術・知見・リソースの獲得を目的とした国内外のM&Aに関する検討も継続的に行っております。

・資金調達

　　これら投資活動に係る資金需要につきましては，基本的には営業活動によるキャッシュ・フローを源泉とする自己資金にて対応する考えでおりますが，必要に応じて，後述の強固な財務基盤を背景にした多様な資金調達（金融機関からの借入・シンジケートローン，各種社債の発行等）にて対応してまいります。

　　なお，当社グループの2023年3月末時点における銀行借入，社債発行等を通じた有利子負債が77,916百万円であるのに対し，資金は121,425百万円と有利子負債を上回る水準となっており，強固な財務基盤を実現しております。

　　また，外部資金調達能力につきましても，当社グループは，本報告書提出時点において，（株）日本格付研究所より長期発行体格付A＋（安定的）を取得していることに加え，主要な取引金融機関と良好な取引関係を維持しており，当社グループの事業の拡大，運営に必要な運転資金，投資資金の調達に関しては十分な能力を有しているものと認識しております。

　　引き続き，財務基盤の強化，外部資金調達能力の維持・向上に向けた財務

運営を行ってまいります。

・経営資源の配分・株主還元に関する考え方

　　手許の運転資金につきましては，当社及び国内連結子会社において CMS（キャッシュ・マネジメント・システム）を導入することにより，各社における余剰資金を当社へ集中し一元管理を行うことで，十分な流動性を確保するとともに，資金効率の最適化を図っております。

　　また，株主還元については，財務状況，収益動向，また将来の事業投資に備えての内部留保などを総合的に勘案した上で，成長を続ける当社グループのキャッシュ・フローを，将来の成長領域等への事業投資資金として最大限活用しながらも，同時に業績拡大に応じて配当性向を高めることで株主還元を拡充する方針です。

（参考）キャッシュ・フロー関連指標の推移

	2019年3月期	2020年3月期	2021年3月期	2022年3月期	2023年3月期
自己資本比率 （％）	61.4	55.2	59.6	60.6	62.4
時価ベースの自己資本比率 （％）	162.7	138.3	179.5	160.9	138.8
キャッシュ・フロー 対有利子負債比率 （％）	172.3	149.1	170.5	133.7	178.7
インタレスト・ カバレッジ・レシオ （倍）	292.0	148.5	116.4	116.5	78.1

　自己資本比率：自己資本／総資産

　時価ベースの自己資本比率：株式時価総額／総資産

　キャッシュ・フロー対有利子負債比率：有利子負債／キャッシュ・フロー

　インタレスト・カバレッジ・レシオ：キャッシュ・フロー／利払い

※　各指標は，いずれも連結ベースの財務数値により計算しております。

※　株式時価総額は，期末株価終値×期末発行済普通株式数（自己株式控除後）により算出しております。

※　キャッシュ・フローは，営業キャッシュ・フローを利用しております。

※　有利子負債は連結貸借対照表に計上されている負債のうち利子を支払っている全ての負債を対象としております。

※　上記指標のうち，2020年3月期からは国際財務報告基準（IFRS）により作成した連結財務諸表に基づいております。

設備の状況

1 設備投資等の概要

当連結会計年度において実施した当社グループ（当社及び連結子会社）の設備投資総額は26,208百万円であります。主な内容は，ITマネジメントにおけるnetXDC設備増強による増加7,135百万円であります。なお，有形固定資産のほか，使用権資産及び無形資産への投資を含めて記載しております。

2 主要な設備の状況

当社グループにおける主要な設備は次のとおりであります。

（1） 提出会社

2023年3月31日現在

事業所名 (所在地)	セグメントの名称	設備の内容	帳簿価額(百万円)						従業員数 (名)
			建物及び構築物	工具、器具及び備品	土地 (面積㎡)	使用権資産	その他	合計	
豊洲本社 (東京都江東区)	産業IT 金融IT ITソリューション ITプラットフォーム ITマネジメント その他	生産・開発 事務所	4,425	829	— (—)	19,580	378	25,213	6,348
西日本北浜オフィス (大阪府大阪市中央区)	産業IT 金融IT ITソリューション ITプラットフォーム ITマネジメント その他	生産・開発 事務所	263	150	— (—)	1,634	—	2,047	980
多摩センターオフィス (東京都多摩市)	産業IT その他	研修・研究 事務所	2,178	39	2,546 (28,650)	2	0	4,767	3
沖縄オフィス 沖縄県浦添市)	ITソリューション その他	生産・開発 事務所	1,077	182	— (—)	5,331	—	6,591	
netXDC東京第1センター (東京都江東区)	産業IT ITプラットフォーム ITマネジメント その他	データ センター	883	644	1,016 (1,581)	1	—	2,544	29
netXDC東京第2センター (東京都江戸川区)	産業IT 金融IT ITソリューション ITプラットフォーム ITマネジメント その他	データ センター	1,494	557	1,491 (1,646)	16	—	3,561	89
netXDC東京第3センター (東京都文京区)	ITマネジメント	データ センター	—	4	— (—)	—	—	4	—
netXDC東京第4センター (東京都千代田区)	産業IT ITソリューション ITマネジメント その他	データ センター	0	241	— (—)	—	—	242	—

事業所名 (所在地)	セグメントの名称	設備の内容							従業員数
netXDC千葉センター (千葉県印西市)	産業IT ITプラットフォーム ITマネジメント その他	データセンター	1,667	607	1,026 (12,941)	—	102	3,373	19
netXDC千葉第2センター (千葉県印西市)	産業IT ITマネジメント その他	データセンター	13,138	544	1,818 (19,260)	6	4	15,512	—
netXDC千葉第3センター (千葉県印西市)	ITマネジメント	データセンター	39	71		—	—	110	—

(注) 1 帳簿価額のうち「その他」は車両運搬具，建設仮勘定の金額であります。

2 上記の他，連結会社以外からの主要な賃借及びリース設備の内容は次のとおりであります。

提出会社

事業所名 (所在地)	セグメントの名称	設備の内容	リース料 又は賃借料
豊洲本社他 (東京都江東区他)	産業IT 金融IT ITソリューション ITプラットフォーム ITマネジメント その他	ホストコンピューター他 周辺機器	2,427百万円
		生産・開発事務所	4,860百万円

(2) 国内子会社 ·······

2023年3月31日現在

会社名	事業所名 (所在地)	セグメントの名称	設備の内容	帳簿価額(百万円)						従業員数 (名)
				建物及び構築物	工具、器具及び備品	土地(面積㎡)	使用権資産	その他	合計	
SCSKサービスウェア㈱	多摩第三センター (東京都多摩市)	ITソリューション	コンタクトセンター	278	99	(一)	1,441	—	1,819	19
SCSK NEC データセンターマネジメント㈱	netXDC千葉第3センター (千葉県印西市)	ITマネジメント	データセンター	11,848	208	(一)	—	1	12,057	7

(注) 帳簿価額のうち「その他」は車両運搬具，建設仮勘定の金額であります。

3 設備の新設，除却等の計画

(1) 重要な設備の新設等 ·······

会社名	事業所名 (所在地)	セグメント名称	設備内容	投資予定額(百万円)		資金調達方法	完了予定年月
				総額	既支払額		
SCSK NEC データセンターマネジメント㈱	netXDC千葉第3センター (千葉県印西市)	ITマネジメント	データセンター	17,705	12,625	自己資金及び社債発行	2024年3月

(注) 1 金額には消費税を含んでおりません。

2 当社は，2022年4月21日付でSCSKNECデータセンターマネジメント（株）に netXDC千葉第3センターを地位承継しております。

（2）　重要な設備の除却等 ・・・

該当事項はありません。

提出会社の状況

1　株式等の状況

（1）　株式の総数等 ・・・

① 株式の総数

種類	発行可能株式総数(株)
普通株式	600,000,000
計	600,000,000

② 発行済株式

種類	事業年度末現在発行数(株)(2023年3月31日)	提出日現在発行数(株)(2023年6月22日)	上場金融商品取引所名又は登録認可金融商品取引業協会名	内容
普通株式	312,665,639	312,665,639	東京証券取引所プライム市場	単元株式数は100株であります。
計	312,665,639	312,665,639	—	—

（注）　提出日現在発行数には，2023年6月1日からこの有価証券報告書提出日までの新株予約権の行使により発行された株式数は含まれておりません。

■ 経理の状況

1 連結財務諸表及び財務諸表の作成方法について ……………………………

(1) 当社の連結財務諸表は，「連結財務諸表の用語，様式及び作成方法に関する規則」（昭和51年大蔵省令第28号）第93条の規定により，国際会計基準（以下「IFRS」）に準拠して作成しております。

(2) 当社の財務諸表は，「財務諸表等の用語，様式及び作成方法に関する規則」（昭和38年大蔵省令第59号）に基づいて作成しております。

2 監査証明について ……………………………………………………………

当社は，金融商品取引法第193条の2第1項の規定に基づき，連結会計年度（2022年4月1日から2023年3月31日まで）の連結財務諸表並びに事業年度（2022年4月1日から2023年3月31日まで）の財務諸表について，有限責任あずさ監査法人による監査を受けております。

3 連結財務諸表等の適正性を確保するための特段の取組み及びIFRSに基づいて連結財務諸表等を適正に作成することができる体制の整備について

当社は，以下のとおり，連結財務諸表等の適正性を確保するための特段の取組み及びIFRSに基づいて連結財務諸表等を適正に作成することができる体制の整備を行っております。

(1) 会計基準等の内容を適切に把握し，会計基準等の変更等について的確に対応することができる体制を整備するため，公益財団法人財務会計基準機構へ加入し，会計基準等にかかる情報を取得するとともに，監査法人及び各種団体の主催する研修等への参加並びに会計専門誌の定期購読等により，積極的な情報収集活動に努めております。

(2) IFRSの適用については，国際会計基準審議会が公表するプレスリリースや基準書を随時入手し，最新の基準の把握及び当社への影響分析を行っております。また，IFRSに基づく適正な連結財務諸表を作成するために，IFRSに準拠したグループ会計方針書を作成し，これに基づいて会計処理を行っております。

(1) 連結財務諸表 ……………………………………………………

① 連結財政状態計算書

(単位:百万円)

	注記	前連結会計年度末 (2022年3月31日)	当連結会計年度末 (2023年3月31日)
資産			
流動資産			
現金及び現金同等物	6	121,251	121,425
営業債権及びその他の債権	7	74,259	82,909
契約資産	25	10,104	14,411
棚卸資産	8	9,125	9,748
その他の金融資産	15	1,082	199
未収法人所得税	30	0	42
その他の流動資産	9	14,231	15,360
流動資産合計		230,055	244,099
非流動資産			
有形固定資産	10	71,853	75,212
使用権資産	12	41,434	45,781
のれん及び無形資産	11	26,495	26,984
持分法適用会社に対する投資	14	10,177	11,252
その他の債権	7	8,012	8,094
その他の金融資産	15	8,280	10,692
繰延税金資産	30	3,249	2,118
その他の非流動資産	9,20	8,050	11,232
非流動資産合計		177,553	191,370
資産合計		407,609	435,469

	注記	前連結会計年度末 （2022年3月31日）	当連結会計年度末 （2023年3月31日）
負債			
流動負債			
営業債務及びその他の債務	16	32,628	34,826
契約負債	25	14,037	15,388
従業員給付	20	10,540	10,889
社債及び借入金	17	16,996	21,945
リース負債		9,164	10,773
その他の金融負債	18	297	63
未払法人所得税	30	10,917	8,079
引当金	22	278	406
その他の流動負債	19	6,313	5,994
流動負債合計		101,175	108,367
非流動負債			
社債及び借入金	17	19,462	9,782
リース負債		33,348	35,415
その他の債務	16	169	174
従業員給付	20	1,956	1,982
引当金	22	4,061	7,334
その他の非流動負債	19	70	10
非流動負債合計		59,069	54,699
負債合計		160,245	163,066
資本			
資本金	21, 23	21,152	21,285
資本剰余金	21	—	122
利益剰余金	23	223,300	246,812
自己株式	23	△293	△286
その他の資本の構成要素	23, 32	2,761	3,976
親会社の所有者に帰属する持分合計		246,921	271,909
非支配持分		442	493
資本合計		247,363	272,403
負債及び資本合計		407,609	435,469

② 連結損益計算書及び連結包括利益計算書

連結損益計算書

(単位：百万円)

	注記	前連結会計年度 （自　2021年4月1日 至　2022年3月31日）	当連結会計年度 （自　2022年4月1日 至　2023年3月31日）
売上高	25	414,150	445,912
売上原価	26	△305,962	△328,232
売上総利益		108,187	117,679
販売費及び一般管理費	27	△60,780	△66,491
その他収益	28	315	461
その他費用	28	△167	△288
営業利益		47,555	51,361
金融収益	29	94	1,651
金融費用	29	△587	△589
持分法による投資損益	14	1,252	913
税引前当期利益		48,315	53,336
法人所得税費用	30	△14,816	△15,999
当期利益		33,498	37,337
当期利益の帰属			
親会社の所有者		33,470	37,301
非支配持分		28	35
1株当たり当期利益	31		
基本的1株当たり当期利益(円)		107.20	119.44
希薄化後1株当たり当期利益(円)		107.20	119.44

連結包括利益計算書

（単位：百万円）

	注記	前連結会計年度 （自 2021年4月1日 至 2022年3月31日）	当連結会計年度 （自 2022年4月1日 至 2023年3月31日）
当期利益		33,498	37,337
その他の包括利益（税効果控除後）			
純損益に振り替えられることのない項目			
確定給付負債（資産）の再測定		469	1,566
その他の包括利益を通じて公正価値で測定する資本性金融資産の公正価値の純変動額		77	211
持分法適用会社におけるその他の包括利益に対する持分		12	73
純損益に振り替えられることのない項目合計		558	1,852
純損益に振り替えられる可能性のある項目			
キャッシュ・フロー・ヘッジ		△13	△467
在外営業活動体の換算差額		892	793
持分法適用会社におけるその他の包括利益に対する持分		9	27
純損益に振り替えられる可能性のある項目合計		888	353
その他の包括利益（税効果控除後）合計		1,447	2,205
当期包括利益合計		34,945	39,542
当期包括利益合計額の帰属			
親会社の所有者		34,917	39,507
非支配持分		28	35

③ 連結持分変動計算書

前連結会計年度（自　2021年4月1日　至　2022年3月31日）

（単位：百万円）

	注記	資本金	資本剰余金	利益剰余金	自己株式	その他の資本の構成要素	親会社の所有者に帰属する持分合計	非支配持分	資本合計
2021年4月1日残高		21,152	−	203,893	△285	2,114	226,874	464	227,338
当期利益		−	−	33,470	−	−	33,470	28	33,498
その他の包括利益	32	−	−	−	−	1,447	1,447	−	1,447
当期包括利益合計		−	−	33,470	−	1,447	34,917	28	34,945
新株の発行		−	−	−	−	−	−	−	−
剰余金の配当	24	−	−	△14,567	−	−	△14,567	△50	△14,618
子会社に対する所有持分の変動		−	−	−	−	−	−	−	−
自己株式の取得		−	−	−	△11	−	△11	−	△11
自己株式の処分		−	△2	−	4	−	2	−	2
利益剰余金から資本剰余金への振替		−	2	△2	−	−	−	−	−
その他の資本の構成要素から利益剰余金への振替	32	−	−	507	−	△507	−	−	−
非金融資産への振替	32	−	−	−	−	△292	△292	−	△292
所有者との取引額等合計		−	−	△14,062	△7	△800	△14,870	△50	△14,920
2022年3月31日残高		21,152	−	223,300	△293	2,761	246,921	442	247,363

当連結会計年度（自　2022年4月1日　至　2023年3月31日）

（単位：百万円）

	注記	資本金	資本剰余金	利益剰余金	自己株式	その他の資本の構成要素	親会社の所有者に帰属する持分合計	非支配持分	資本合計
2022年4月1日残高		21,152	−	223,300	△293	2,761	246,921	442	247,363
当期利益		−	−	37,301	−	−	37,301	35	37,337
その他の包括利益	32	−	−	−	−	2,205	2,205	−	2,205
当期包括利益合計		−	−	37,301	−	2,205	39,507	35	39,542
新株の発行	21,23	132	132	−	−	−	264	−	264
剰余金の配当	24	−	−	△15,405	−	−	△15,405	△59	△15,465
子会社に対する所有持分の変動		−	−	−	−	−	−	75	75
自己株式の取得		−	−	−	△3	−	△3	−	△3
自己株式の処分		−	△9	−	10	−	0	−	0
利益剰余金から資本剰余金への振替		−	−	−	−	−	−	−	−
その他の資本の構成要素から利益剰余金への振替	32	−	−	1,616	−	△1,616	−	−	−
非金融資産への振替	32	−	−	−	−	624	624	−	624
所有者との取引額等合計		132	122	△13,789	6	△991	△14,519	15	△14,503
2023年3月31日残高		21,285	122	246,812	△286	3,976	271,909	493	272,403

④ 連結キャッシュ・フロー計算書

（単位：百万円）

	注記	前連結会計年度 （自　2021年4月1日 至　2022年3月31日）	当連結会計年度 （自　2022年4月1日 至　2023年3月31日）
営業活動によるキャッシュ・フロー			
税引前当期利益		48,315	53,336
減価償却費及び償却費		19,881	20,629
減損損失（又は戻入れ）		147	44
金融収益		△94	△1,651
金融費用		587	589
持分法による投資損益（△は益）		△1,252	△913
営業債権及びその他の債権の増減（△は増加）		△4,220	△8,477
契約資産の増減（△は増加）		3,136	△4,286
棚卸資産の増減（△は増加）		△1,414	△622
営業債務及びその他の債務の増減（△は減少）		2,832	3,010
契約負債の増減（△は減少）		△554	1,136
従業員給付の増減（△は減少）		△996	△8
引当金の増減（△は減少）		202	145
その他		△691	△889
小計		65,877	62,042
利息及び配当金の受取額		384	559
利息の支払額		△506	△558
法人所得税の支払額又は還付額（△は支払）		△6,674	△18,450
営業活動によるキャッシュ・フロー		59,081	43,592
投資活動によるキャッシュ・フロー			
有形固定資産の取得による支出		△10,157	△9,681
有形固定資産の売却による収入		8	0
無形資産の取得による支出		△3,927	△4,630
無形資産の売却による収入		73	44
持分法適用会社に対する投資の取得による支出		△296	△203
その他の金融資産の取得による支出		△683	△1,264
その他の金融資産の売却及び償還による収入		268	1,352
その他		△213	△568
投資活動によるキャッシュ・フロー		△14,927	△14,950
財務活動によるキャッシュ・フロー			
社債の償還及び借入金の返済による支出	35	△25,100	△17,000
借入による収入	35	11,500	12,250
社債の発行による収入	35	4,972	－
リース負債の返済による支出	35	△9,086	△8,998
非支配持分からの払込による収入		－	75
配当金の支払額	24	△14,567	△15,406
非支配持分への配当金の支払額		△50	△59
その他		△9	65
財務活動によるキャッシュ・フロー		△32,342	△29,074
現金及び現金同等物に係る為替変動の影響額		672	605
現金及び現金同等物の増加額		12,483	173
現金及び現金同等物の期首残高	6	108,768	121,251
現金及び現金同等物の期末残高	6	121,251	121,425

【連結財務諸表注記】

1. 報告企業

　SCSK株式会社（以下「当社」）は，日本に所在する企業であります。登記されている本店及び主要な事業所の住所は，ホームページ（https://www.scsk.jp/）で開示しております。連結財務諸表は当社及び子会社（以下「当社グループ」）により構成されています。

　当社グループの事業内容及び主要な活動は，注記「5. セグメント情報」に記載しております。

　当社グループの2023年3月31日に終了する年度の連結財務諸表は，2023年6月22日に代表取締役執行役員社長當麻隆昭によって承認されております。

　また，当社グループの最終的な親会社は住友商事株式会社（以下「親会社」）です。

2. 作成の基礎

（1）　IFRSに準拠している旨

　当社は，「連結財務諸表の用語，様式及び作成方法に関する規則」第1条の2に掲げる「指定国際会計基準特定会社」の要件をすべて満たしているため，連結財務諸表を同第93条の規定により，IFRSに準拠して作成しております。

（2）　測定の基礎

　当社グループの連結財務諸表は，注記「3. 重要な会計方針」に記載している公正価値で測定されている金融商品及び退職後給付制度に係る資産・負債等を除き，取得原価を基礎として作成しております。

（3）　機能通貨及び表示通貨

　当社グループの連結財務諸表は，当社の機能通貨である日本円で表示しております。日本円で表示しているすべての財務情報は，百万円未満を切り捨てて記載しております。

（4） 新基準書の早期適用 ···
早期適用した基準書等はありません。

（5） 未適用の公表済み基準書及び解釈指針 ·······················
重要な未適用基準はありません。

3. 重要な会計方針 ··
当社グループの重要な会計方針は次のとおりであり，他の記載がない限り，連結財務諸表が表示されているすべての期間について適用しております。

（1） 連結の基礎 ··
① 子会社

子会社とは，当社グループにより支配されている企業であります。支配とは，投資先に対するパワーを有し，投資先への関与により生じるリターンの変動に晒され，かつ投資先に対するパワーを通じてリターンに影響を与える能力を有する場合をいいます。

子会社の財務諸表は，当社グループが支配を獲得した日から支配を喪失する日まで，連結財務諸表に含まれております。子会社に対する当社グループ持分の一部を処分した後も支配が継続する場合には，当社グループの持分の変動を資本取引として会計処理しており，非支配持分の調整額と対価の公正価値との差額は，親会社の所有者に帰属する持分として資本に直接認識されております。支配を喪失した場合には，支配の喪失から生じた利得又は損失は純損益で認識しております。従来の子会社に対する持分を保持する場合には，その持分は支配喪失日の公正価値で測定します。当社グループ内の債権債務残高及び取引，並びに当社グループ内取引によって発生した未実現損益は，連結財務諸表の作成に際して消去しております。

② 関連会社

関連会社とは，当社グループがその財務及び経営方針に対して重要な影響力を有しているものの，支配又は共同支配をしていない企業であります。関連会社への投資は持分法によって会計処理しております。

関連会社に対する投資は，取得時に取引コストを含む取得原価で認識されております。当社グループの投資には，取得時に認識したのれん相当額が含まれております。また，重要な影響力を有することとなった日から重要な影響力を喪失する日までの関連会社の損益及びその他の包括利益に対する当社グループの持分は，関連会社に対する投資額の変動として認識しております。

　持分法適用会社の会計方針は，当社グループが適用する会計方針と整合させるため，必要に応じて修正しております。

　持分法適用会社との取引から発生した未実現利益は，投資先に対する当社グループの持分を上限として投資から控除しております。未実現損失は，減損が生じている証拠がない場合に限り，未実現利益と同様の方法で控除しております。

　損失に対する当社グループの持分が持分法適用会社に対する投資を上回った場合には，その投資の帳簿価額をゼロまで減額し，当社グループが被投資企業に代わって債務を負担し又は支払いを行う場合を除き，それ以上の損失は認識しておりません。

(2)　企業結合 ....

　当社グループは，取得法に基づき企業結合の会計処理をしております。非支配持分は，取得日における被取得企業の識別可能純資産に対する比例的持分で当初測定しております。

　支払対価の公正価値，被取得企業の非支配持分の金額及び段階取得の場合における取得企業が以前より保有していた被取得企業に対する持分の支配獲得日の公正価値の合計が，取得日における識別可能資産及び引受負債の正味価額（通常，公正価値）を上回る場合に，その超過額をのれんとして認識しております。一方，この対価の総額が，識別可能資産及び引受負債の正味価額を下回る場合，その差額を利得として純損益に認識しております。

　企業結合に関連して発生した取得費用は，負債性金融商品及び資本性金融商品の発行費用を除き，発生時に費用として処理しております。

　企業結合の当初の会計処理が期末日までに完了していない場合には，完了していない項目を暫定的な金額で計上しております。取得日時点で存在し，なおかつ

それを知っていたならば取得日で認識した金額の測定に影響したであろう事実及び状況に関する情報を，認識される金額の測定に影響を与えていたと判断される期間（以下「測定期間」）に入手した場合，その情報を反映して，取得日に認識した暫定的な金額を遡及的に修正しております。この新たに得た情報により資産と負債の追加での認識が発生する場合があります。測定期間は最長で1年間であります。

(3) 外貨換算 ・・

① 外貨建取引

外貨建取引は，取引日における為替レートでグループ企業の各機能通貨に換算しております。外貨建貨幣性資産・負債は，報告日の為替レートで機能通貨に換算しております。外貨建の公正価値で測定される非貨幣性資産・負債は，その公正価値の測定日における為替レートで機能通貨に換算しております。外貨建の取得原価に基づいて測定されている非貨幣性項目は，取引日の為替レートで換算しております。換算及び決済により生じる換算差額は，純損益で認識しております。

ただし，以下の項目の換算により発生する為替換算差額は，その他の包括利益で認識しております。

- その他の包括利益を通じて公正価値で測定する区分に指定された資本性金融資産に対する投資

② 在外営業活動体

在外営業活動体の資産・負債は，取得により発生したのれん及び公正価値の調整を含め，報告日の為替レートで表示通貨に換算しております。在外営業活動体の売上高及び費用は，期間中の為替レートが著しく変動していない限り，対応する期間の平均為替レートで表示通貨に換算しております。為替換算差額はその他の包括利益で認識し，為替換算差額を非支配持分に配分している部分を除き，為替換算調整勘定に累積しております。在外営業活動体の一部又はすべてを処分し，支配，重要な影響力又は共同支配を喪失する場合には，その在外営業活動体に関連する為替換算調整勘定の累積金額を，処分に係る利得又は損失の一部として純損益に組み替えております。当社グループが，子会社の持分を部分的に処分する

ものの，支配は保持する場合，累積金額のうち処分した部分に相当する金額を非支配持分に再配分しております。また，当社グループが，重要な影響力を保持する一方で，関連会社を部分的にのみ処分する場合には，累積金額のうち処分した部分に相当する金額を純損益に組み替えております。

(4)　金融商品 ··

　金融商品は，当社グループが金融商品の契約当事者となった日に認識しております。なお，通常の方法で購入した金融資産は取引日において認識しております。

①　非デリバティブ金融資産

　金融資産はその当初認識時に，金融資産の管理に関する事業モデル及び金融資産の契約上のキャッシュ・フローの両方に基づき，償却原価で測定する金融資産，純損益を通じて公正価値で測定する金融資産及びその他の包括利益を通じて公正価値で測定する金融資産に分類しております。

　金融資産は，金融資産からのキャッシュ・フローに対する契約上の権利が消滅した場合，又は金融資産のキャッシュ・フローを受け取る契約上の権利を譲渡し，当該金融資産の所有に係るリスクと経済価値のほとんどすべてが移転している場合において，認識を中止しております。

(a)　償却原価で測定する金融資産

　次の条件がともに満たされる金融資産を償却原価で測定する金融資産に分類しております。

・契約上のキャッシュ・フローを回収するために資産を保有することを目的とする事業モデルに基づいて，資産が保有されている。

・金融資産の契約条件により，元本及び元本残高に対する利息の支払のみであるキャッシュ・フローが特定の日に生じる。

　償却原価で測定する金融資産は，当初認識時に公正価値にその取得に直接起因する取引コストを加算して測定しております。ただし，重大な金融要素を含んでいない営業債権は取引価格で測定しております。また，当初認識後は実効金利法を適用した総額の帳簿価額から減損損失を控除しております。

(b)　純損益を通じて公正価値で測定する金融資産

　　償却原価で測定する金融資産以外の金融資産は，公正価値で測定する金融資産に分類しております。

　　公正価値で測定する金融資産のうち，その他の包括利益を通じて公正価値で測定する金融資産に分類されたもの以外の金融資産については，純損益を通じて公正価値で測定する金融資産に分類しております。純損益を通じて公正価値で測定する金融資産には，資本性金融資産及び負債性金融資産が含まれております。

　　純損益を通じて公正価値で測定する金融資産は，当初認識時に公正価値により測定し，その取得に直接起因する取引コストは，発生時に純損益で認識しております。また，当初認識後は公正価値で測定し，その事後的な変動を純損益として認識しております。

(c)　その他の包括利益を通じて公正価値で測定する金融資産

　　公正価値で測定する負債性金融資産のうち，次の条件がともに満たされる場合には，その他の包括利益を通じて公正価値で測定する負債性金融資産に分類しております。

・契約上のキャッシュ・フローを回収するため，及び売却するために資産を保有することを目的とする事業モデルに基づいて，資産が保有されている。

・金融資産の契約条件により，元本及び元本残高に対する利息の支払のみであるキャッシュ・フローが特定の日に生じる。

　　その他の包括利益を通じて公正価値で測定する負債性金融資産は，当初認識時に，公正価値にその取得に直接起因する取引コストを加算して測定しております。また，利息，為替差損益及び減損損失は，純損益として認識し，これらを除いた公正価値の変動額をその他の包括利益として認識しております。

　　また，売買目的ではない資本性金融資産への投資については，当初認識時に，その公正価値の事後的な変動をその他の包括利益に表示するという取消不能な選択を行うことが認められており，当社グループでは金融商品ごとに当該指定を行い，その他の包括利益を通じて公正価値で測定する資本性金融資産に分類しております。

その他の包括利益を通じて公正価値で測定する資本性金融資産は，当初認識時に，公正価値にその取得に直接起因する取引コストを加算して測定しております。また，当初認識後は公正価値で測定し，その事後的な変動をその他の包括利益として認識しております。その他の包括利益として認識した金額は，認識を中止した場合（もしくは公正価値が著しく低下した場合）にその累積額を利益剰余金に振り替えており，純損益には振り替えておりません。なお，配当については，当該配当金が明らかに投資の取得原価の回収を示している場合を除いて純損益として認識しております。

② **金融資産の減損**

　償却原価で測定する金融資産及びその他の包括利益を通じて公正価値で測定する負債性金融資産については，報告期間の末日ごとに，当該資産に係る信用リスクが当初認識時点から著しく増加しているかどうかを判定しております。著しく信用リスクが増加している場合には，全期間の予想信用損失と同額の貸倒引当金を認識し，著しい信用リスクの増加が認められない場合には，12か月の予想信用損失と同額の貸倒引当金を認識しております。

　ただし，営業債権，契約資産及びリース債権については，信用リスクの当初認識時点からの著しい増加の有無にかかわらず，全期間の予想信用損失と同額で貸倒引当金を認識しております。

　金融商品の信用リスクが当初認識以降に著しく増加しているか否かを判定する際，及び予想信用損失を見積もる際に，当社は，過度のコストや労力をかけずに入手可能で，目的適合性があり合理的で裏付け可能な関連情報を考慮しております。これには，当社の過去の経験や十分な情報に基づいた信用評価に基づく定量的情報と定性的情報及び分析が含まれ，将来予測的な情報も含まれております。

　当社は，金融資産が30日超期日超過している場合にその信用リスクが著しく増加しているとみなしております。

　金融資産の信用減損を示す客観的証拠としては，債務者による支払不履行又は滞納，当社グループが債務者に対して，そのような状況でなければ実施しなかったであろう条件で行った債権の回収期限の延長，債務者又は発行企業が破産する兆候等が挙げられます。なお，貸倒引当金の繰入額は，純損益で認識しておりま

す。

③ 非デリバティブ金融負債

当初認識時には公正価値からその発行に直接起因する取引コストを減算して測定しております。また，当初認識後は実効金利法に基づく償却原価で測定しております。

金融負債は，金融負債が消滅したとき，すなわち，契約中に特定された債務が免責，取消し又は失効となったときに認識を中止しております。

④ デリバティブ及びヘッジ会計

当社グループでは，為替変動リスクをヘッジするために，先物為替予約取引のデリバティブ取引を行っております。

当社グループでは，ヘッジの開始時においてヘッジ関係並びにヘッジの実施についてのリスク管理目的及び戦略の公式な指定及び文書化を行っております。当該文書にはヘッジ手段の特定，ヘッジの対象となる項目又は取引，ヘッジされるリスクの性質，及びヘッジされたリスクに起因するヘッジ対象の公正価値又はキャッシュ・フローの変動に対するエクスポージャーを相殺するに際してのヘッジ手段の有効性の評価方法が含まれております。また，当社グループでは，これらのヘッジについて，ヘッジされたリスクに起因する公正価値又はキャッシュ・フローの変動を相殺するに際し極めて有効であると見込んでおります。

デリバティブは公正価値で当初認識しております。また，当初認識後は公正価値で測定し，その事後的な変動は次のとおり処理しております。

キャッシュ・フロー・ヘッジ

ヘッジ手段であるデリバティブの公正価値変動のうち有効なヘッジと判定される部分は，その他の包括利益として認識しております。デリバティブの公正価値の変動のうちの非有効部分は，即時に純損益に認識されます。

その他の包括利益に認識した金額は，ヘッジ対象である取引が純損益に影響を与える会計期間においてその他の資本の構成要素から純損益に振り替えております。ただし，予定取引のヘッジがその後において非金融資産又は非金融負債の認識を生じさせるものである場合には，その他の包括利益に認識した金額を当該非金融資産又は非金融負債の当初の帳簿価額の修正として処理しております。

ヘッジ手段が失効，売却，終結又は行使された場合，ヘッジ比率を調整しても
なお，ヘッジの適格要件を満たさなくなった場合には，ヘッジ会計を将来に向け
て中止しております。予定取引の発生がもはや見込まれない場合には，その他の
包括利益として認識した金額は，即時にその他の資本の構成要素から純損益に振
り替えております。

⑤　**金融資産と金融負債の相殺**

　金融資産と金融負債は，認識した金額を相殺する法的に強制力のある権利を有
しており，かつ，純額で決済する又は資産の実現と負債の決済を同時に実行する
意図を有している場合に，相殺して純額で表示しております。

(5)　現金及び現金同等物

　現金及び現金同等物は，手許現金，随時引き出し可能な預金及び容易に換金可
能であり，かつ価値の変動について僅少なリスクしか負わない取得日から3ヶ月
以内に償還期限の到来する短期投資から構成されております。

(6)　棚卸資産

　棚卸資産は，取得原価と正味実現可能価額とのいずれか低い金額で測定してお
ります。取得原価には，購入原価，及び棚卸資産が現在の場所及び状態に至るま
でに発生したその他のコストのすべてを含んでおり，原価の算定にあたっては，
商品については主として個別法を用いております。正味実現可能価額は，通常の
営業過程における見積売価から，完成までの見積原価及び販売に要する見積費用
を控除した額であります。

(7)　有形固定資産

① 認識及び測定

　有形固定資産については，原価モデルを採用し，取得原価から減価償却累計額
及び減損損失累計額を控除した額で測定しております。

　取得原価には資産の取得に直接関連する費用，資産の解体及び除去費用，原状
回復費用の当初見積額，並びに資産計上の要件を満たす借入コストが含まれてお

ります。有形固定資産の構成要素の耐用年数が構成要素ごとに異なる場合は，そ
れぞれ別個の有形固定資産項目として計上しております。

② **取得後の支出**

有形固定資産の取得後に発生した支出のうち，通常の修繕及び維持については
発生時に費用として処理し，主要な取替及び改良に係る支出については，その支
出により将来当社グループに経済的便益がもたらされることが見込まれる場合に
限り資産計上しております。

③ **減価償却**

土地，建設仮勘定以外の有形固定資産は，使用が可能となった時点から，それ
ぞれの見積耐用年数にわたって定額法で減価償却しております。主要な有形固定
資産の見積耐用年数は次のとおりであります。

建物及び構築物　　：2～50年
工具，器具及び備品：2～15年

なお，減価償却方法，残存価額及び耐用年数は毎年見直し，必要に応じて調
整しております。

(8)　のれん及び無形資産 ··

① **のれん**

のれんは償却を行わず，事業を行う地域及び事業の種類に基づいて識別された
資産，資金生成単位又は資金生成単位グループに配分し，毎年同時期及び減損の
兆候を識別した時はその都度，減損テストを実施しております。のれんの減損損
失は純損益として認識されますが，戻入れは行っておりません。

当初認識後，のれんは取得原価から減損損失累計額を控除した価額で表示して
おります。

② **無形資産**

無形資産については，原価モデルを採用し，取得原価から償却累計額及び減損
損失累計額を控除した価額で計上しております。

個別に取得した無形資産は取得原価で測定しており，企業結合により取得した
無形資産の取得原価は企業結合日の公正価値で測定しております。

内部発生の研究費用は発生時に費用として認識しております。

　内部発生の開発費用は信頼性をもって測定可能で，技術的かつ商業的に実現可能であり，将来的に経済的便益を得られる可能性が高く，当社グループが開発を完成させ，当該資産を使用又は販売する意図及びそのための十分な資質を有している場合にのみ，上記の認識条件のすべてを初めて満たした日から開発完了までに発生した費用の合計額を無形資産として資産計上しております。

　事後的な支出は，その支出に関連する特定の資産に伴う将来の経済的便益を増加させる場合にのみ資産計上しております。

　耐用年数を確定できる無形資産はそれぞれの見積耐用年数にわたり，定額法で償却しております。主要な無形資産の見積耐用年数は次のとおりであります。

　・ソフトウェア　：3〜5年
　・その他無形資産：5〜20年

　耐用年数を確定できない無形資産及び未だ使用可能でない無形資産は償却を行わず，毎年同時期に，加えて減損の兆候が存在する場合にはその資産の回収可能価額を見積っております。

　なお，償却方法，残存価額及び耐用年数は毎年見直し，必要に応じて調整しております。

(9)　リース ･･

　当社グループは，契約の締結時に契約がリースであるか又はリースを含んでいるかを判定しております。契約が特定された資産の使用を支配する権利を一定期間にわたり対価と交換に移転する場合には，当該契約はリースであるか又はリースを含んでおります。契約が特定された資産の使用を支配する権利を移転するか否かを評価するために，当社グループは IFRS第16号「リース」におけるリースの定義を用いております。

（借手）

　当社グループは，リースの開始日に使用権資産とリース負債を認識しております。使用権資産は，取得原価で当初測定しております。この取得原価は，リース負債の当初測定額に，開始日又はそれ以前に支払ったリース料を調整し，発生し

た当初直接コストと原資産の解体及び除去，原資産又は原資産の設置された敷地の原状回復の際に生じるコストの見積りを加え，受領済みのリース・インセンティブを控除して算定しております。

　当初認識後，使用権資産は，開始日から使用権資産の耐用年数の終了時又はリース期間の終了時のいずれか早い方の日まで，定額法により減価償却しております。使用権資産の見積耐用年数は，自己所有の有形固定資産と同様に決定しております。さらに，使用権資産は，該当ある場合，減損損失により減額され，リース負債の特定の再測定について調整されております。

　リース負債は，開始日時点で支払われていないリース料をリースの計算利子率を用いて割り引いた現在価値で当初測定しております。リースの計算利子率が容易に算定できない場合には，当社グループの追加借入利子率を用いており，一般的に，当社グループは追加借入利子率を割引率として使用しております。

　リース負債の測定に含めるリース料総額は，以下で構成されております。

・固定リース料（実質的な固定リース料を含む）
・指数又はレートに基づいて算定される変動リース料。当初測定には開始日現在の指数又はレートを用いる
・残価保証に基づいて支払うと見込まれる金額
・当社グループが行使することが合理的に確実である場合の購入オプションの行使価格，延長オプションを行使することが合理的に確実である場合のオプション期間のリース料，及びリースの早期解約に対するペナルティの支払額（当社グループが早期解約しないことが合理的に確実な場合を除く）

　リース負債は，実効金利法による償却原価で測定しております。指数又はレートの変動により将来のリース料が変動した場合，残価保証に基づいて支払うと見込まれる金額の見積りが変動した場合，又は購入，延長，あるいは解約オプションを行使するかどうかの判定が変化した場合，リース負債は再測定されております。このようにリース負債を再測定する場合，対応する修正は使用権資産の帳簿価額を修正するか，使用権資産の帳簿価額がゼロまで減額されている場合には損益として認識しております。

短期リース及び少額資産のリース

　当社グループは，リース期間が12ヶ月以内の短期リース及び IT機器のリース
を含む少額資産のリースについて，使用権資産及びリース負債を認識しないこと
を選択しております。当社グループは，これらのリースに係るリース料をリース
期間にわたり定額法により費用として認識しております。

（貸手）

　当社グループがリースの貸手である場合，リース契約時にそれぞれのリースを
ファイナンス・リース又はオペレーティング・リースに分類しております。それ
ぞれのリースを分類するにあたり，当社グループは，原資産の所有に伴うリスク
と経済価値が実質的にすべて移転するか否かを総合的に評価しております。移転
する場合はファイナンス・リースに，そうでない場合はオペレーティング・リー
スに分類しております。この評価の一環として，当社グループは，リース期間が
原資産の経済的耐用年数の大部分を占めているかなど，特定の指標を検討してお
ります。

　契約がリース要素と非リース要素を含む場合，当社グループは，IFRS第15号「顧
客との契約から生じる収益」を適用して契約における対価を按分しております。

　当社グループは，オペレーティング・リースによるリース料をリース期間にわ
たり定額法により収益として認識し，「売上高」に含めて表示しております。

（10）　減損 ··

　棚卸資産，繰延税金資産及び売却目的で保有する非流動資産を除く非金融資
産については，資産が減損している可能性を示す兆候があるか否かを評価してお
ります。

　減損の兆候が存在する場合には，個別の資産又は資金生成単位ごとの回収可能
価額を測定しております。なお，のれん，未だ使用可能でない無形資産は償却を
行わず，毎期同時期及び減損の兆候が存在する場合にはその都度，減損テストを
実施しております。

　減損テストにおいて，資産は，継続的な使用により他の資産又は資金生成単位
のキャッシュ・インフローから概ね独立したキャッシュ・インフローを生み出す

最小の資産グループに集約しております。企業結合から生じたのれんは，結合のシナジーが得られると期待される資金生成単位又は資金生成単位グループに配分しております。当社グループの全社資産は，独立したキャッシュ・インフローを生成しないため，全社資産に減損の兆候がある場合，全社資産が帰属する資金生成単位の回収可能価額を見積っております。

　回収可能価額は，使用価値と処分コスト控除後の公正価値のいずれか高い方で算定しております。使用価値は，見積将来キャッシュ・フローを貨幣の時間価値及びその資産の固有のリスクを反映した税引前割引率を用いて現在価値に割り引いて算定しております。

　個別の資産又は資金生成単位の帳簿価額が回収可能価額を上回る場合には純損益にて減損損失を認識し，当該資産の帳簿価額を回収可能価額まで減額しております。資金生成単位に関連して認識した減損損失は，まずその資金生成単位に配分されたのれんの帳簿価額を減額するように配分し，次に資金生成単位内のその他の資産の帳簿価額を比例的に減額しております。

　のれんに係る減損損失は，戻入れを行っておりません。のれん以外の非金融資産に係る減損損失は，減損損失がもはや存在しないか又は減少している可能性を示す兆候が存在する場合に当該資産の回収可能価額を見積っており，回収可能価額が減損処理後の帳簿価額を上回った場合には減損損失の戻入れを行っております。なお，減損損失の戻入れは過去の期間において当該資産に認識した減損損失がなかった場合の帳簿価額を超えない範囲を上限として回収可能価額と帳簿価額との差額を純損益にて認識しております。

(11)　従業員給付
①　退職後給付
　当社グループは，従業員の退職後給付制度として確定給付制度と確定拠出制度を採用しております。

(a)　確定給付制度
　　退職後給付制度のうち，確定拠出制度（下記 (b) 参照）以外のものを確定給付制度としております。確定給付制度については，確定給付制度債務の現在価

値と制度資産の公正価値との純額を負債又は資産として認識しております。確定給付制度債務の現在価値及び関連する当期勤務費用並びに過去勤務費用は，予測単位積増方式を用いて算定しております。

　割引率は，将来の毎年度の給付支払見込日までの期間を基に割引期間を設定し，割引期間に対応した決算日時点の優良社債の市場利回りに基づき算定しております。

　勤務費用及び確定給付負債の純額に係る利息純額は，純損益にて認識しております。

　確定給付制度の再測定により発生した増減額は，発生した期においてその他の包括利益に一括認識し，直ちに利益剰余金に振り替えております。また過去勤務費用は発生時に全額純損益に認識しております。

(b)　確定拠出制度

　退職後給付制度のうち，一定の掛金を他の独立した事業体に支払い，その拠出額以上の支払いについて法的債務又は推定的債務を負わないものを，確定拠出制度としております。

　確定拠出制度については，当該制度の支払うべき拠出額を，従業員が関連する勤務を提供したときに費用として認識しております。

② 　**短期従業員給付**

　短期従業員給付については，割引計算を行わず，関連するサービスが提供された時点で費用として認識しております。

　賞与及び有給休暇費用については，それらを支払う法的もしくは推定的な債務を有し，信頼性のある見積りが可能な場合に，それらの制度に基づいて支払われると見積られる額を負債として認識しております。

(12)　株式に基づく報酬 ··
① 　**持分決済型のストック・オプション制度**

　当社グループは，当社の取締役（除く社外取締役）及び執行役員に対する報酬制度として，持分決済型のストック・オプション制度を採用しておりました。ストック・オプションは，付与日における公正価値によって見積り，最終的に権利

確定すると予想されるストック・オプションの数を考慮した上で，過年度に費用として認識し，同額を資本の増加として認識しております。付与されたオプションの公正価値は，オプションの諸条件を考慮し，ブラック・ショールズ・モデル等を用いて算定しております。

② **譲渡制限付株式報酬制度**

当社グループは，株式報酬制度として，譲渡制限付株式報酬制度を採用しております。

譲渡制限付株式報酬制度では，受領したサービスの対価を付与日における当社株式の公正価値で測定しており，算定されたサービスの対価は権利確定期間にわたって費用と資本を認識しております。

（13）引当金 ···

引当金の計算は，決算日における将来の経済的便益の流出金額に関する最善の見積りに基づいて行っております。見積りに使用した仮定と異なる結果が生じることにより，翌年度以降の連結財務諸表において引当金の金額に重要な修正を行う可能性があります。当社グループが計上している引当金の概要及び経済的便益の流出が予測される時期は次のとおりであります。

① **工事損失引当金**

当社グループは，顧客との契約に係る損益の発生状況を継続的にモニタリングしております。顧客との契約による義務を履行するための見積総原価が，契約金額を超える可能性が高く，かつ予想される損失額について信頼性のある見積りができる場合は，当該契約の進捗状況や将来の損益見込みを検討し，将来の損失見込額を工事損失引当金として認識しております。

工事損失引当金を認識するためには，請負契約等の総原価を受注時に合理的に見積り，着手後には適時かつ適切に総原価の見直しを行う必要があります。請負契約等は顧客要望によって仕様が異なる等，開発内容に個別性があります。また，着手後に新たに判明した事実や状況変化により，作業内容の変更や工数の見直しが必要となる場合があります。これらの開発内容の個別性や事実及び状況変化により，総原価の見積りには不確実性が伴います。総原価の見積りは，開発内容に

応じた作業内容や工数等，一定のデータ及び仮定を用いた原価積算方法に基づき行われますが，経営者のこれらに対する判断が，総原価の見積りに重要な影響を及ぼします。

なお，経済的便益の流出が予測される時期は，契約の進捗等により影響を受けますが，この債務の大部分は翌連結会計年度中に実現すると見込んでおります。

② 資産除去債務

資産除去債務は，資産の解体・除去費用，原状回復費用，並びに資産を使用した結果生じる支出に関して引当金を認識するとともに，当該資産の取得原価に加算しております。将来の見積費用及び適用された割引率は毎年見直され，修正が必要と判断された場合は会計上の見積りの変更として処理しております。

（14）資本 ···

① 普通株式

当社が発行した資本性金融商品は，発行価額を資本金及び資本剰余金に計上し，直接発行費用（税効果考慮後）は資本剰余金から控除しております。

② 自己株式

自己株式は取得原価で評価し，資本から控除しており，自己株式の購入，売却又は消却において利得又は損失を純損益として認識しておりません。なお，帳簿価額と処分時の対価との差額は資本剰余金として認識しております。

③ 配当金

当社の株主に対する配当は取締役会により承認された日の属する期間の負債として認識しております。

（15）売上高 ···

当社グループは，IFRS第15号「顧客との契約から生じる収益」（以下「IFRS第15号」）の範囲に含まれる取引について，次の5ステップを適用することにより売上高を認識しております。

ステップ1：顧客との契約を識別する。

ステップ2：契約における履行義務を識別する。

ステップ3：取引価格を算定する。

ステップ4：取引価格を契約における履行義務に配分する。

ステップ5：履行義務の充足時に（又は充足するにつれて）売上高を認識する。

顧客との契約における別個の履行義務の特定

　当社グループは，システム開発及び保守運用・サービスの提供，並びにシステム販売に関する顧客との契約から売上高を認識しております。これらの契約から当社グループは別個の約束された財又はサービス（履行義務等）を特定し，それらの履行義務に対応して売上高を配分しております。

　当社グループは，約束された財又はサービスが別個のものである場合，すなわち，財又はサービスを顧客に移転するという約束が契約のなかの他の約束と区分して識別可能であり，かつ，顧客がその財又はサービスからの便益をそれ単独で又は顧客にとって容易に利用可能な他の資源と組み合わせて得ることができる場合は，区分して会計処理しております。

　具体的には，ソフトウェア販売とその後の保守サービス，あるいはハードウェア販売とその付帯サービスなどのように複数の財又はサービスが一つの契約に含まれるものについて，以下の要件を共に満たす場合には，別個の履行義務として識別しております。

　・顧客に約束している財又はサービスは，顧客がその財又はサービスからの便益をそれ単独で又は顧客にとって容易に利用可能な他の資源と組み合わせて得ることができる（すなわち，当該財又はサービスが別個のものとなり得る）。

　・財又はサービスを顧客に移転する企業の約束が契約の他の約束と区分して識別可能である（すなわち，当該財又はサービスが契約の観点において別個のものである）。

取引価格の算定

　当社グループは，取引価格を顧客との契約に示されている対価に基づいて測定し，第三者のために回収する金額は除いております。また，取引価格を算定するにあたり，変動対価，変動対価の見積りの制限，契約における重大な金融要素の存在，現金以外の対価及び顧客に支払われる対価からの影響を考慮しております。

当社グループは，顧客から受け取る対価が事後的に変動する可能性がある場合には，変動対価を見積り，売上高に含めて処理しております。なお，変動対価を見積る場合，その不確実性が解消される際に認識した売上高の累計額に重大な戻入れが生じない可能性が非常に高い部分に限り取引価格に含めております。

　契約が金融要素を含んでいるかどうか，及び金融要素が契約にとって重大であるかどうかを評価する際には約束した対価の金額と約束した財又はサービスの現金販売価格との差額，約束した財又はサービスを顧客に移転する時点と，顧客が当該財又はサービスに対して支払いを行う時点との間の予想される期間の長さ，関連性のある市場での実勢金利を考慮し判断しております。なお，当社グループでは，契約開始時点で，財又はサービスを顧客に移転する時点と，顧客が支払いを行う時点との間が1年以内であると見込まれるため，実務上の便法を使用し，重大な金融要素の調整は行っておりません。

取引価格の履行義務への配分

　当社グループは，約束した財又はサービスを顧客に移転するのと交換に権利を得ると見込んでいる対価の金額を描写する金額で取引価格をそれぞれの履行義務へ配分しております。取引価格をそれぞれの履行義務に独立販売価格の比率で配分するため，契約におけるそれぞれの履行義務の基礎となる別個の財又はサービスの契約開始時の独立販売価格を算定し，取引価格を当該独立販売価格に比例して配分しております。独立販売価格が直接的に観察可能ではない場合には，独立販売価格を以下の方法により見積っております。

- ・システム開発及び保守運用・サービスの提供に関する顧客との契約については，主に予想コストにマージンを加算するアプローチに基づき独立販売価格を見積っております。
- ・システム販売に関する顧客との契約については，主に調整後市場評価アプローチに基づき独立販売価格を見積っております。

履行義務の充足

　当社グループは，約束した財又はサービスを顧客に移転することによって履行義務を充足したときに，又は一定期間にわたり履行義務を充足するにつれて，売上高を認識しております。財又はサービスに対する支配を一定の期間にわたり移

転し履行義務を充足する場合とは，以下のいずれかに該当する場合であり，売上高を一定期間にわたり認識しております。

(a)　当社グループの履行によって提供される便益を，履行するにつれて同時に受け取って消費する

(b)　履行が資産を創出するか又は増価させ，顧客が当該資産の創出又は増価につれてそれを支配する

(c)　履行が他に転用できる資産を創出せず，かつ，当社グループが現在までに完了した履行に対する支払いを受ける強制可能な権利を有している

　上記以外の場合には，資産に対する支配が顧客に移転したと判断した一時点で売上高を認識しております。

財又はサービスの種類ごとの履行義務及び売上高の測定方法

（システム開発及び保守運用・サービスの提供に関する顧客との契約）

　システム開発及び保守運用・サービスの提供に関する顧客との契約の主な内容は，ITコンサルティング，基幹系システム等のシステム開発，専用データセンターの構築・運営管理，通信ネットワークシステムの保守・運用サービス，検証サービス，ITインフラ構築，ITマネジメント，BPOサービス等であります。

　上記サービスの提供は，通常，(a)顧客が，当社グループの履行によって提供される便益を，当社グループが履行するにつれて同時に受け取って消費する，(b)当社グループの履行が，資産を創出するか又は増価させ，顧客が当該資産の創出又は増価につれてそれを支配する，又は，(c)当社グループの履行が，当社グループが他に転用できる資産を創出せず，かつ，当社グループが現在までに完了した履行に対する支払いを受ける強制可能な権利を有している場合のいずれかに該当するため，一定の期間にわたり充足される履行義務と判断しております。サービスの提供の売上高は，履行義務の完全な充足に向けた進捗度を合理的に測定できる場合は進捗度の測定に基づいて，進捗度を合理的に測定できない場合は履行義務の結果を合理的に測定できるようになるまで発生したコストの範囲で，認識しております。対価の回収に関して重要な不確実性が認められる場合は，売上高を認識しておりません。

　請負等のシステム開発のうち，一定の要件を満たす契約（以下，「請負契約等」）

は，見積総原価に対する連結会計年度末までの発生原価の割合で進捗度を測定する方法に基づいて売上高を認識しております。

請負契約等は顧客要望によって仕様が異なる等，開発内容に個別性があります。また，着手後に新たに判明した事実や状況変化により，作業内容の変更や工数の見直しが必要となる場合があります。これらの開発内容の個別性や事実及び状況変化により，総原価の見積りは不確実性が伴っております。総原価の見積りは，開発内容に応じた作業内容や工数等，一定のデータ及び仮定を用いた原価積算方法に基づき行われますが，経営者のこれらに対する判断が，総原価の見積りに重要な影響を及ぼします。なお，総原価の見積りに変更が生じた場合は，当該変更に伴う累積的影響額を，見積りの変更が生じた連結会計年度に純損益で認識しております。

上記以外のシステム開発及び継続して役務の提供を行う保守運用・サービスの提供に関する契約は，原則としてサービスが提供される期間に対する提供済期間の割合で進捗度を測定する方法に基づいて売上高を認識しております。単位あたりで課金されるサービスは，サービスの提供が完了し，請求可能となった時点で売上高を認識しております。

システム開発及び保守運用・サービスの提供に関する顧客との契約に係る請求書は契約条件に従い発行しており，支払期限は通常請求書発行月の翌月末であります。

（システム販売に関する顧客との契約）

システム販売に関する顧客との契約の主な内容は，ハードウェア（各種サーバー，クライアント機器，ストレージ機器，通信ネットワーク関連機器），パッケージ・ソフトウェア等の販売であります。

当社グループは，これらに係る契約について財やサービスに対する支配が顧客に移転したと判断した時点で売上高を認識しております。支配が顧客へ移転した時点を決定するにあたり，(a) 資産に対する支払いを受ける権利を有している，(b) 顧客が資産に対する法的所有権を有している，(c) 資産の物理的占有を移転した，(d) 顧客が資産の所有に伴う重大なリスクと経済価値を有している，(e) 顧客が資産を検収しているか否か等を考慮しております。一般的に，

支配の顧客への移転の時期は顧客の検収に対応しております。各種サーバー，ネットワーク機器など，据付等のサービスを要するハードウェアの販売による売上高は，原則として，顧客の検収時に認識しております。それ以外の標準的なハードウェアの販売による売上高は，原則として，当該ハードウェアに対する支配が顧客に移転する引渡時に認識しております。システム販売に関する顧客との契約に係る請求書は契約条件に従い発行しており，支払期限は通常請求書発行月の翌月末であります。

代理人取引

当社グループが商品又はサービスを顧客に移転する前に，当該商品又はサービスを支配している場合には，本人取引として売上高を総額で認識し，支配していない場合や当社グループの履行義務が商品又はサービスの提供を手配することである場合には代理人取引として売上高を純額（手数料相当額）で認識しております。

契約資産及び契約負債

契約資産は，顧客に移転した財又はサービスと交換に受け取る対価に対する権利のうち，時の経過以外の条件付きの権利であります。

契約負債は顧客に財又はサービスを移転する義務のうち，企業が顧客から対価を受け取っている，又は対価の金額の期限が到来しているものであります。

当社グループでは，請負契約等の対価に対して契約資産を計上しております。契約資産は，支払に対する権利が無条件になった時点で営業債権に振り替えられております。また，請負契約等に基づいて受領した契約時の一時金を契約負債として計上しております。契約負債は，履行義務の充足に関する進捗度の測定方法に従い，予想される契約時間等の一定期間にわたり売上高として認識しております。

（16） 金融収益及び金融費用 ・・・

金融収益は，受取利息，受取配当金，デリバティブ利益（その他の包括利益で認識されるヘッジ手段に係る利益を除く）等から構成されております。受取利息は，実効金利法を用いて発生時に認識しております。受取配当金は，当社グルー

プの受領権が確定した時点で認識しております。

　金融費用は，支払利息，デリバティブ損失（その他の包括利益で認識されるヘッジ手段に係る損失を除く）等から構成されております。支払利息は，実効金利法を用いて発生時に認識しております。

（17）　法人所得税 ……………………………………………………………………

　法人所得税費用は，当期税金と繰延税金の合計として表示しております。

　当期税金は，税務当局に対する納付又は税務当局からの還付の見積りに，前年までの未払法人所得税及び未収法人所得税を調整しております。未払法人所得税又は未収法人所得税の金額は，法人所得税に関連する不確実性（該当ある場合）を反映した，支払う，又は受け取ると見込まれる税金金額の最善の見積りによるものであります。これらは，企業結合に関連するもの及び直接資本の部又はその他の包括利益で認識される項目を除き，当期の純損益にて認識しております。未収法人所得税及び未払法人所得税は，特定の要件を満たす場合に相殺しております。

　繰延税金資産及び負債は，決算日までに制定又は実質的に制定されている税法に基づいて，資産が実現する期又は負債が決済される期に適用されると予想される税率で算定しております。繰延税金資産及び負債は，資産及び負債の会計上の帳簿価額と税務基準額の差額である一時差異並びに繰越欠損金に基づいて算定しております。繰延税金資産は，将来減算一時差異及び税務上の繰越欠損金に対して，それらを利用できる課税所得が生じる可能性が高い範囲で認識しております。

　なお，企業結合ではなく，取引時に会計上の利益にも課税所得にも影響しない取引における当初認識から生じる一時差異については，繰延税金資産及び負債を認識しておりません。また，のれんの当初認識において生じる将来加算一時差異についても，繰延税金負債を認識しておりません。

　子会社，支店，関連会社及び共同支配企業に対する投資に係る将来加算一時差異については，繰延税金負債を認識しております。ただし，一時差異を解消する時期をコントロールでき，かつ予測可能な期間内に一時差異が解消しない可能性が高い場合には認識しておりません。また，子会社，支店，関連会社及び共同

支配企業に対する投資に係る将来減算一時差異については，一時差異が予測し得る期間内に解消し，かつ課税所得を稼得する可能性が高い範囲でのみ繰延税金資産を認識しております。

　繰延税金資産及び繰延税金負債は，当期税金資産と当期税金負債を相殺する法律上強制力のある権利を有し，かつ同一の税務当局によって同一の納税主体に対して課される法人所得税に関するものである場合に相殺しております。

（18）　1株当たり当期利益

　基本的1株当たり当期利益は，親会社の所有者に帰属する当期利益を，その期間の自己株式を調整した発行済普通株式の加重平均株式数で除して算定しております。

　希薄化後1株当たり当期利益は，希薄化効果を有するすべての潜在的普通株式による影響を調整して算定しております。

（19）　借入コスト

　意図した使用又は販売が可能となるまでに相当の期間を要する資産に関して，その資産の取得，建設又は生産に直接起因する借入コストは，当該資産の取得原価の一部として資産化しております。その他の借入コストはすべて，発生した期間に費用として認識しております。

4.　見積り及び判断の利用

　IFRSに準拠した連結財務諸表の作成において，経営者は，会計方針の適用並びに資産，負債，収益及び費用の報告額に影響を及ぼす判断，見積り及び仮定の設定をすることが義務付けられております。ただし，実際の業績はこれらの見積りとは異なる場合があります。

　見積り及びその基礎となる仮定は継続して見直しております。会計上の見積りの見直しによる影響は，その見積りが見直された会計期間及び影響を受ける将来の会計期間において認識されます。

　連結財務諸表上で認識する金額に重要な影響を与える判断，見積り及び仮定は，

以下の注記に含まれております。

・売上高の認識（注記「3.　重要な会計方針（15）売上高」，注記「25.　売上高」）
・工事損失引当金の測定（注記「3.　重要な会計方針（13）引当金 ①」，注記「22.
引当金」）

　なお，将来において，新たな事実の発生によりこれらの見積りとは異なる結果
となる可能性があります。

2 財務諸表等

(1) 財務諸表 ···

① 貸借対照表

（単位：百万円）

	前事業年度 （2022年3月31日）		当事業年度 （2023年3月31日）	
資産の部				
流動資産				
現金及び預金	31,472		24,294	
受取手形	552		437	
売掛金	57,291		63,921	
契約資産	9,626		13,911	
リース投資資産	241		184	
有価証券	5,700		10,199	
商品及び製品	7,938		8,448	
原材料及び貯蔵品	159		154	
前渡金	759		1,135	
前払費用	13,560		13,352	
預け金	※1	73,094	※1	73,023
関係会社短期貸付金	※2	300	※2	1,000
その他	3,754		2,854	
流動資産合計	204,451		212,920	
固定資産				
有形固定資産				
建物（純額）	47,217		47,221	
構築物（純額）	269		237	
車両運搬具（純額）	0		0	
工具、器具及び備品（純額）	7,251		7,410	
土地	14,169		14,169	
リース資産（純額）	829		561	
建設仮勘定	9,905		550	
有形固定資産合計	79,644		70,150	
無形固定資産				
ソフトウエア	8,284		9,152	
リース資産	0		—	
電話加入権	118		118	
施設利用権	0		0	
商標権	2		3	
無形固定資産合計	8,406		9,275	

（単位：百万円）

	前事業年度 （2022年3月31日）	当事業年度 （2023年3月31日）
投資その他の資産		
投資有価証券	6,786	7,529
関係会社株式	60,225	59,955
その他の関係会社有価証券	0	—
関係会社長期貸付金	—	8,000
従業員に対する長期貸付金	8	1
長期前払費用	1,281	1,607
敷金及び保証金	6,344	6,480
繰延税金資産	674	—
会員権	191	185
リース投資資産	316	131
前払年金費用	5,069	6,178
その他	4	3
貸倒引当金	△45	△64
投資その他の資産合計	80,856	90,008
固定資産合計	168,907	169,434
資産合計	373,358	382,354
負債の部		
流動負債		
買掛金	21,966	24,729
短期借入金	7,000	7,000
1年内償還予定の社債	10,000	10,000
1年内返済予定の長期借入金	—	4,500
リース債務	577	468
未払金	5,480	4,442
未払費用	1,286	1,550
未払法人税等	11,392	7,567
未払消費税等	3,513	2,594
契約負債	13,599	14,885
預り金	※1 35,143	※1 37,458
賞与引当金	3,786	3,743
役員賞与引当金	99	61
工事損失引当金	259	405
資産除去債務	14	—
その他	298	63
流動負債合計	114,418	119,470
固定負債		
社債	15,000	5,000
長期借入金	4,500	—
リース債務	778	336
役員退職慰労引当金	7	7
退職給付引当金	646	749
繰延税金負債	—	548
資産除去債務	2,479	5,660
長期預り敷金保証金	828	810
その他	62	67
固定負債合計	24,303	13,181
負債合計	138,721	132,651

	前事業年度 （2022年3月31日）	当事業年度 （2023年3月31日）
純資産の部		
株主資本		
資本金	21,152	21,285
資本剰余金		
資本準備金	1,299	1,432
資本剰余金合計	1,299	1,432
利益剰余金		
利益準備金	3,988	3,988
その他利益剰余金		
オープンイノベーション促進積立金	－	187
別途積立金	23,310	23,310
繰越利益剰余金	183,817	198,173
利益剰余金合計	211,116	225,659
自己株式	△293	△286
株主資本合計	233,275	248,089
評価・換算差額等		
その他有価証券評価差額金	1,548	1,647
繰延ヘッジ損益	△208	△50
評価・換算差額等合計	1,339	1,596
新株予約権	21	16
純資産合計	234,636	249,703
負債純資産合計	373,358	382,354

②　損益計算書

（単位：百万円）

	前事業年度 （自 2021年4月1日 至 2022年3月31日）	当事業年度 （自 2022年4月1日 至 2023年3月31日）
売上高	332,153	355,610
売上原価	244,751	262,059
売上総利益	87,401	93,550
販売費及び一般管理費	※2　48,361	※2　52,150
営業利益	39,039	41,400
営業外収益		
受取利息	※1　13	※1　81
有価証券利息	2	3
受取配当金	※1　2,172	※1　2,932
その他	393	449
営業外収益合計	2,582	3,467
営業外費用		
支払利息	32	26
社債利息	43	25
投資事業組合運用損	50	38
社債発行費	27	－
為替差損	－	26
その他	79	221
営業外費用合計	234	337
経常利益	41,388	44,530
特別利益		
固定資産売却益	※3　2	※3　0
投資有価証券売却益	22	41
会員権売却益	0	0
特別利益合計	26	42
特別損失		
固定資産除却損	※4　25	※4　10
固定資産売却損	※5　10	※5　0
減損損失	147	42
投資有価証券売却損	－	0
投資有価証券評価損	－	800
会員権売却損	－	1
支払補償金	25	58
特別損失合計	207	915
税引前当期純利益	41,207	43,656
法人税、住民税及び事業税	11,494	12,592
法人税等調整額	517	1,110
法人税等合計	12,011	13,703
当期純利益	29,195	29,953

売上原価明細書

区分	注記番号	前事業年度 (自 2021年4月1日 至 2022年3月31日) 金額(百万円)	構成比 (%)	当事業年度 (自 2022年4月1日 至 2023年3月31日) 金額(百万円)	構成比 (%)
(製品原価明細書)					
Ⅰ 労務費					
1 給与及び賞与		41,120		41,196	
2 退職給与		1,745		1,882	
3 福利厚生費		7,006	49,872	26.2	7,013	50,092	24.5
Ⅱ 外注費			114,524	60.2		125,473	61.4
Ⅲ 経費					
1 機械・設備賃借料		9,942		10,596	
2 その他		15,827	25,769	13.6	18,145	28,742	14.1
当期総製造費用			190,165	100.0		204,308	100.0
期首仕掛品原価			—			—	
計			190,165			204,308	
他勘定振替高			3,481			4,013	
期末仕掛品原価			—			—	
製品原価			186,683			200,295	
(商品原価明細書)					
期首商品棚卸高			7,007			7,938	
当期商品仕入高			58,999			62,274	
期末商品棚卸高			7,938			8,448	
商品原価			58,067			61,764	
売上原価			244,751			262,059	

(注) 他勘定振替高の内容は次のとおりであります。

項目	前事業年度 (百万円)	当事業年度 (百万円)
建物	33	27
工具、器具及び備品	173	212
建設仮勘定	332	125
ソフトウエア	2,867	3,460
その他	74	186
計	3,481	4,013

(原価計算の方法)

当社の原価計算は，プロジェクト別個別原価計算であります。

③ 株主資本等変動計算書

前事業年度（自　2021年4月1日　至　2022年3月31日）

（単位：百万円）

	株主資本							
	資本金	資本剰余金			利益剰余金			
		資本準備金	その他資本剰余金	資本剰余金合計	利益準備金	その他利益剰余金		
						オープンイノベーション促進積立金	別途積立金	繰越利益剰余金
当期首残高	21,152	1,299	—	1,299	3,988	—	23,310	169,190
当期変動額								
新株の発行								
剰余金の配当								△14,567
当期純利益								29,195
自己株式の取得								
自己株式の処分			△0	△0				
オープンイノベーション促進積立金の積立								
利益剰余金から資本剰余金への振替			0	0				△0
株主資本以外の項目の当期変動額（純額）								
当期変動額合計	—	—	—	—	—	—	—	14,627
当期末残高	21,152	1,299	—	1,299	3,988	—	23,310	183,817

	株主資本			評価・換算差額等			新株予約権	純資産合計
	利益剰余金合計	自己株式	株主資本合計	その他有価証券評価差額金	繰延ヘッジ損益	評価・換算差額等合計		
当期首残高	196,488	△285	218,655	1,560	97	1,657	23	220,336
当期変動額								
新株の発行								—
剰余金の配当	△14,567		△14,567					△14,567
当期純利益	29,195		29,195					29,195
自己株式の取得		△11	△11					△11
自己株式の処分		4	3					3
オープンイノベーション促進積立金の積立								—
利益剰余金から資本剰余金への振替	△0		—					—
株主資本以外の項目の当期変動額（純額）				△12	△305	△317	△1	△319
当期変動額合計	14,627	△7	14,619	△12	△305	△317	△1	14,300
当期末残高	211,116	△293	233,275	1,548	△208	1,339	21	234,636

当事業年度（自　2022年4月1日　至　2023年3月31日）

（単位：百万円）

	株主資本							
	資本金	資本剰余金			利益剰余金			
		資本準備金	その他資本剰余金	資本剰余金合計	利益準備金	その他利益剰余金		
						オープンイノベーション促進立金	別途積立金	繰越利益剰余金
当期首残高	21,152	1,299	—	1,299	3,988	—	23,310	183,817
当期変動額								
新株の発行	132	132		132				
剰余金の配当								△15,405
当期純利益								29,953
自己株式の取得								
自己株式の処分			△4	△4				
オープンイノベーション促進積立金の積立						187		△187
利益剰余金から資本剰余金への振替			4	4				△4
株主資本以外の項目の当期変動額（純額）								
当期変動額合計	132	132	—	132	—	187	—	14,355
当期末残高	21,285	1,432	—	1,432	3,988	187	23,310	198,173

| | 株主資本 | | | 評価・換算差額等 | | | 新株予約権 | 純資産合計 |
| | 利益剰余金 | 自己株式 | 株主資本合計 | その他有価証券評価差額金 | 繰延ヘッジ損益 | 評価・換算差額等合計 | | |
	利益剰余金合計							
当期首残高	211,116	△293	233,275	1,548	△208	1,339	21	234,636
当期変動額								
新株の発行			264					264
剰余金の配当	△15,405		△15,405					△15,405
当期純利益	29,953		29,953					29,953
自己株式の取得		△3	△3					△3
自己株式の処分		10	5					5
オープンイノベーション促進積立金の積立	—		—					—
利益剰余金から資本剰余金への振替	△4		—					—
株主資本以外の項目の当期変動額（純額）				99	157	257	△5	252
当期変動額合計	14,543	6	14,814	99	157	257	△5	15,066
当期末残高	225,659	△286	248,089	1,647	△50	1,596	16	249,703

【注記事項】

(継続企業の前提に関する事項)

　該当事項はありません。

(重要な会計方針)

1　有価証券の評価基準及び評価方法 ･････････････････････････････････････

(1)　満期保有目的の債券 ･･

　償却原価法(定額法)

(2)　子会社株式及び関連会社株式 ･･･････････････････････････････････････

　移動平均法による原価法

(3)　その他の関係会社有価証券 ･･･

　市場価格のない株式等

　　移動平均法による原価法

　　なお，投資事業組合への出資(金融商品取引法第2条第2項により有価証券とみなされるもの)については，組合契約に規定される決算報告日に応じて入手可能な決算書等を基礎として持分相当額を純額で取り込む方法によっております。

(4)　その他有価証券 ･･･

　市場価格のない株式等以外のもの

　　時価法(評価差額は全部純資産直入法により処理し，売却原価は移動平均法により算定しております)

　市場価格のない株式等

　　移動平均法による原価法

　　なお，投資事業組合への出資(金融商品取引法第2条第2項により有価証券とみなされるもの)については，組合契約に規定される決算報告日に応じて入手可能な決算書等を基礎として持分相当額を純額で取り込む方法によっております。

2 棚卸資産の評価基準及び評価方法

(1) 商品

　個別法による原価法（貸借対照表価額は収益性の低下に基づく簿価切り下げの方法により算定しております）

(2) 貯蔵品

　最終仕入原価法及び移動平均法による原価法

3 デリバティブ取引の評価基準及び評価方法

　時価法

4 固定資産の減価償却の方法

(1) 有形固定資産（リース資産を除く）

　定額法を採用しております。

(2) 無形固定資産（リース資産を除く）

　市場販売目的のソフトウエア

　　見込販売収益に基づく償却額と残存有効期間（3年以内）に基づく均等配分額とを比較し，いずれか大きい額を計上しております。

　自社利用のソフトウエア

　　社内における利用可能期間（5年以内）に基づく定額法を採用しております。

　その他の無形固定資産

　　定額法を採用しております。

(3) リース資産

　所有権移転外ファイナンス・リース取引に係るリース資産

　リース期間を耐用年数とし，残存価額を零とする定額法によっております。

（4） 長期前払費用 ・・・
　定額法を採用しております。

5　繰延資産の処理方法 ・・・
　社債発行費
　　支出時に全額費用として処理しております。

6　引当金の計上基準 ・・
（1）　貸倒引当金 ・・
　債権の貸倒れによる損失に備えるため，一般債権については貸倒実績率により，
貸倒懸念債権等特定の債権については，個別に回収可能性を検討し，回収不能見
込額を計上しております。

（2）　賞与引当金 ・・
　従業員に対して支給する賞与の支出に充てるため，支給見込額に基づき計上し
ております。

（3）　役員賞与引当金 ・・
　役員に対して支給する賞与の支出に充てるため，支給見込額に基づき計上して
おります。

（4）　工事損失引当金 ・・
　当事業年度末において，損失の発生が見込まれる工事契約について将来の損失
に備えるため，その損失見込額を計上しております。

（5）　退職給付引当金 ・・
　従業員の退職給付に備えるため，当事業年度末における退職給付債務及び年金
資産の見込額に基づき計上しております。

① 退職給付見込額の期間帰属方法

退職給付債務の算定にあたり，退職給付見込額を当事業年度末までの期間に帰属させる方法については，給付算定式基準によっております。

② 数理計算上の差異及び過去勤務費用の費用処理方法

数理計算上の差異については，各事業年度の発生時における従業員の平均残存勤務期間以内の一定の年数（12年）による定額法により按分した額をそれぞれ発生の翌事業年度より費用処理しております。

過去勤務費用については，その発生時の従業員の平均残存勤務期間以内の年数（1年）により費用処理しております。

(6) 役員退職慰労引当金 ･･･

役員の退職慰労金の支出に備えるため，2007年6月27日開催の定時株主総会で決議された役員退職慰労金制度の廃止に伴う打切り支給額のうち，将来の支給見込額を計上しております。

7 売上高及び費用の計上基準 ･･････････････････････････････････････

連結財務諸表注記の「3．重要な会計方針（15）売上高」に同一の内容を記載しております。

8 重要なヘッジ会計の方法 ･･
(1) ヘッジ会計の方法 ･･･

繰延ヘッジ処理によっております。ただし，為替予約等が付されている外貨建金銭債権債務等については，振当処理を行っております。

(2) ヘッジ手段とヘッジ対象 ･･････････････････････････････････････

| ヘッジ手段 | 為替予約取引 |
| ヘッジ対象 | 外貨建金銭債権債務等 |

(3) ヘッジ方針

デリバティブ取引は実需に基づき行うこととしており，投機を目的とした取引は行わないこととしております。

(4) ヘッジ有効性評価の方法

為替予約の締結時に，リスク管理方針に従って，当該外貨建による同一金額で同一期日の為替予約をそれぞれ振当てているため，その後の為替相場の変動による相関関係は完全に確保されているので，決算日における有効性の評価を省略しております。

(5) その他

全てのデリバティブ取引は，国内の信用度の高い金融機関と行っており，相手先の契約不履行によるいわゆる信用リスクは低いと考えております。

9 その他財務諸表作成のための基礎となる事項

退職給付に係る会計処理

退職給付に係る未認識数理計算上の差異及び未認識過去勤務費用の未処理額の会計処理の方法は，連結財務諸表におけるこれらの会計処理の方法と異なっております。

（重要な会計上の見積り）

「第5経理の状況1連結財務諸表等（1）連結財務諸表連結財務諸表注記4．見積り及び判断の利用」に記載した内容と同一であります。

（会計方針の変更）

該当事項はありません。

（表示方法の変更）

該当事項はありません。

（会計上の見積りの変更）

該当事項はありません。

第2章

情報通信・IT業界の "今" を知ろう

企業の募集情報は手に入れた。しかし，それだけでは
まだ不十分。企業単位ではなく，業界全体を俯瞰する
視点は，面接などでもよく問われる重要ポイントだ。
この章では直近1年間の運輸業界を象徴する重大
ニュースをまとめるとともに，今後の展望について言
及している。また，章末には運輸業界における有名企
業（一部抜粋）のリストも記載してあるので，今後の就
職活動の参考にしてほしい。

▶▶人をつなぐ，世界をつなぐ
情報通信・IT 業界の動向

> 「情報通信・IT」は，情報通信や情報技術に関わる業界である。
> 時代は「パソコン」から，スマートフォン，タブレット端末といっ
> た「モバイル」へとシフトしている。

❖ IT情報サービスの動向

　情報技術 (IT) の適用範囲は，さまざまな企業や職種，そして個人へと加
速度的に広がっている。2022年の国内IT市場規模は，前年比3.3％増の6
兆734億円となった。ITサービス事業者の業務にリモートワークが定着し，
停滞していた商談やプロジェクト，サービス提供が回復したことが要因と見
られる。

　引き続きスマートフォンが市場を牽引しているが，今後，海外市場での
需要の高まりなどを背景に，設備投資を拡大する組立製造，電力自由化に
おいて競争力強化を行う電力 / ガス事業，eコマース (EC) がSNSを中心と
した新たなチャネルへ移行している情報サービスなどで，高い成長率が期待
される。

　また，クラウド化やテレワーク対応などのデジタルトランスフォーメー
ション (DX) 需要がコロナ禍において急増，コロナ後も需要は継続している。

●グローバルな再編が進むIT企業

　新しいツールを駆使したビジネスにおいて，進化の早い技術に対応し，
標準的なプラットフォームを構築するためにも，グローバル化は避けて通れ
ない道である。2016年，世界第3位のコンピューターメーカーの米Dellが，
ストレージ（外部記憶装置）最大手のEMCを約8兆円で買収した。この巨
大買収によって誕生した新生Dellは，仮想化ソフト，情報セキュリティ，
クラウド管理サービスなど事業領域を大幅に拡大する。国内企業では，シ
ステム構築で業界トップのNTTデータが，2016年3月にDellのITサービ

ス部門を買収した。買収額は約3500億円で，NTTグループでは過去3番目の大型買収である。NTTデータは，2000年代後半から国内市場の成長鈍化を見据えて，欧米を中心にM＆Aを展開してきた。過去12年間で約6000億円を投じ，50社以上を買収したことで，2006年3月期に95億円だった海外売上高は2018年3月期には9080億となっている。同期の全売上高は2兆1171億円で，半分近くを海外での売上が占めている。また，NTTグループは2016年から，産業ロボット大手のファナックとも協業を開始している。ファナックは，製造業のIoT（Internet of Things＝すべてのもののインターネット化）を実現するためのシステム開発を進めており，この運用開始に向けて，ビジネスの拡大をともに目指している。

　ソフトバンクグループもまた，2016年に約3.3兆円で，英半導体設計大手のARMを買収した。日本企業による海外企業買収では，過去最大の規模となる。ARMは，組み込み機器やスマートフォン向けCPUの設計で豊富な実績を持つ企業であり，この買収の狙いも「IoT」にある。あらゆるものをインターネットに接続するためには，携帯電話がスマホになったように，モノ自体をコンピューター化する必要がある。近い将来，IoTが普及すれば，ARM系のCPUがあらゆるものに搭載される可能性につながっていく。

● IoT，ビッグデータ，AI —— デジタル変革の波

　IT企業のグローバル化とともに，近年注目を集めているのが「デジタルトランスフォーメーション（デジタル変革）」である。あらゆる情報がIoTで集積され，ビッグデータやAI（人工知能）を駆使して新たな需要を見出し，それに応える革新的なビジネスモデルが次々と登場している。

　2022年から2023年にかけて話題をさらったのは，米オープンAI社による「チャットGPT」だった。AIによる自然で高度な会話に大きな注目が集まった。米マイクロソフトは2023年1月にオープンAIへの1兆円規模の追加融資を発表。チャットGPTを組み込んだ検索や文章作成などの新サービスを次々と発表した。

　生成AIは従来のAIに比べて性能が飛躍的に向上。前出の文章作成に加え，プログラミングやAIアートなど，その用途は多岐にわたる。今後は生成AIを活用した業務・サービス改善にも注目が集まる。

● サービスのトレンドは，シェアリングエコノミー

　シェアリングエコノミーとは，インターネットを通じて個人や企業が保有

している使っていない資産の貸し出しを仲介するサービスのこと。たとえば，自動車を複数人で利用する（ライドシェア），空き家や駐車場，オフィスを有効活用する（スペースシェア）などがある。

　米国のウーバーが提供しているのは「自動車を利用したい人」と「自動車を所有していて空き時間のある人」をマッチングする配車・カーシェアリングサービス。サービスはアプリに集約されており，GPSで利用者の位置情報を把握して，配車する。車の到着時間といった情報もスマートフォンを通して的確に伝えられる。ウーバーには，2017年にソフトバンクが出資しており，2018年10月にはソフトバンクとトヨタ自動車が新しいモビリティサービスの構築に向けた提携で合意，新会社も設立した。国内のライドシェアサービスには，オリックス自動車や三井不動産レアルティなど，駐車場やレンタカー事業を運営していた大手企業も参入している。

　スペースシェアとしては，家の有効活用として，民泊サービスで有名なエアービー・アンド・ビーがある。このほかにも，駐車場のシェアサービスが，パーク24といった駐車場大手企業も参加して始まっている。また，フリマアプリの「メルカリ」やヤフーオークションも，不要物の再活用という意味でモノのシェアといえる。モノをシェア／再活用するニーズは，若者を中心に広がっており，小売大手の丸井グループがブランドバッグのシェアサービス「Laxus」と事業提携するなど，今後，成長が期待できる分野といえる。

❖ 通信サービスの動向

　携帯通信業界は，自前の回線を有するNTTドコモ，KDDI（au），ソフトバンクの3社（キャリア）を中心に伸びてきた。総務省によれば，日本の携帯電話の契約数は2022年3月の時点で2億302万件となっている。スマホの普及により，高齢者や10代の利用者が増加しており，市場としては，引き続き右肩上がりの成長となっている。しかし，その一方で，たとえばソフトバンク全体の事業において，国内の固定・携帯電話で構成される国内通信事業の売上高は，すでに4割を割っている。NTTグループでも，NTTデータとNTT都市開発の売上高が，全体の2割にまで伸びており，ITサービスカンパニーとして軸足を海外事業に移している。KDDIもまた，住友商事と共にモンゴルやミャンマーで携帯事業に参入してトップシェアを獲得す

るなど、海外進出を拡大させている。国内の通信事業は成熟期を迎えており、今後、契約件数の伸びが期待できないなか、大手3社は新たな収益の実現に向けて、事業領域を拡大する段階に入っている。

●楽天モバイル「0円プラン」廃止で競争激化

総務省は、2016年よりNTTドコモ、KDDI（au）、ソフトバンクの携帯大手に対して、高止まりしているサービス料金の引き下げを目的に、スマートフォンの「実質0円販売」の禁止など、さまざまな指導を行ってきた。2019年10月施行の改正電気通信事業法では、通信契約を条件とする2万円以上の端末値引きが禁じられるとともに、途中解約への違約金上限も大幅に下げられた。

なかでも有効な政策となっているのが、格安スマホ業者（MVNO）への支援である。MVNOは、通信インフラを持つ大手3社の回線を借りて、通信や通話サービスを提供する事業者のこと。総務省の後押しなどもあり、MVNOの事業者数は2019年3月の時点で1000社を超えた。また、利用者も着実に増えており、調査会社MM総研によると、格安スマホの契約回線数は、2020年3月末には1500万件を超えた。

モバイル市場全体に占める割合を順調に伸ばしてきたMVNOだが、ここにきてやや苦戦が見られる。大手キャリアが投入する格安プランの好調により、割安感の低下が響いたことが原因に挙げられる。話題となった「0円プラン」が廃止となり、顧客離れの影響を大きく受けた楽天モバイルは、KDDI回線のデータ使用量を無制限にした「Rakuten 最強プラン」を2023年6月に開始したが、巻き返しには至っていない。

●IoTへの対応を見据えた5G

技術面で注目を集めているのが、2020年に商用化された次世代通信規格の5Gである。5Gは、現行の4Gに比べ、大容量、同時多接続、低遅延・高信頼性、省電力・低コストといった特徴がある。IoTの普及に必須のインフラ技術とされており、これまでの通信規格に求められてきたものに加え、将来期待されるさまざまなサービスへの対応も求められている。低遅延化・高信頼性については、たとえば、自動車の自動運転のような安全・確実性が求められるサービスにおいては必須の要件となる。また、同時多接続は、今後、携帯電話だけでなく、IoTで接続される機器の爆発的な増加が予想されることから、4Gの100倍の接続数が求められている。

キャリア各社はすでに，コンテンツサービスの拡充，ロボットの遠隔操作，自動運転などの実証実験を進めている。MVNOに対して，スマートフォン向け回線サービスは提供されたとしても，すべてのサービスが対象となるかは不透明といえる。5Gの普及によって，キャリアの携帯ゆえに享受できるサービスが大きく進化すれば，料金の安さでMVNOを選択している利用者の判断にも影響が出る可能性もある。

❖ eコマース（EC）市場の動向

　インターネットを通じて商品やサービスを売買する「eコマース」（EC）は順調に拡大しており，経済産業省の発表では，2021年の消費者向け（BtoC）電子商取引の市場規模は20兆6950億円となった。

　市場を牽引してきたのは，楽天とアマゾン，そして，YahooやZOZOを傘下に抱えるZホールディングスである。楽天やZホールディングスは企業や個人の出品者に売り場を提供する「モール型」，アマゾンは自社で商品を仕入れる「直販型」が主流だったが，近年はアマゾンも「モール型」のビジネスを取り入れている。また，会費制の「アマゾン プライム」では，映画や音楽の無料視聴，写真データの保存など，多くのサービスを展開している。2017年4月からは生鮮食品を扱う「アマゾン フレッシュ」を開始，ネットスーパー業界にも進出した。楽天は米ウォルマートと業務提携し，ネットスーパーを開始するほか，朝日火災海上保険（楽天損害保険）や仮想通貨交換業のみんなのビットコインを買収するなど，通販以外の分野にも投資を続けている。Zホールディングスは21年3月には　LINEを経営統合。両者の顧客基盤を掛け合わせた新たなサービスを模索し，国内首位を目指している。

　コロナ禍の巣篭もり特需で，3社とも売上を大きく伸ばした。利用習慣の定着化により，中小企業や個人の販売も拡大している。

●フリマアプリの躍進と越境ECの伸長

　フリマアプリでは「メルカリ」が国内で強さを誇る。メルカリは，個人間（CtoC）による物品売買を行うスマホアプリとして，2013年7月に国内サービスを開始した。誰でも簡単にスマホで売りたいものを撮影して，マーケットプレイスに出品できる手軽さと，個人情報を知られずに取引を完了できるといったきめ細かいサービスが爆発的人気の背景にある。しかし，新型

コロナウイルスによる巣ごもり特需が終了し，EC市場に逆風が吹いたこともあり，やや伸び悩みが見られる。2022年の6月期決算では売上高は1470億円と前年比38.6％増となったが，営業利益はマイナス37億と赤字決算になってしまった。

　「越境EC」といわれる海外向けのネット通販も，市場を拡大している。中国ではモバイル端末の普及が進み，中国インターネット情報センター（CNNIC）の発表では2020年6月時点でネット利用者は9億人とされている。2019年の中国国内EC売上高は約204兆円に達し，越境ECも10兆円を超えている。2014年に，中国最大のECサイト・アリババが海外業者向けの「天猫国際」を開設した。現在，メーカーから流通，小売まで，多くの日本企業が出店し，大きな成果を上げている。にサービスを開始し，2016年，2017年には中国における越境ECのトップシェアを獲得している。同社は，2017年には日本支社も設立，認知拡大，商品の仕入れ活動を本格化させている。経済産業省によると，2017年度の中国人による越境ECを通じた日本からの購入金額は1兆2978億円だった。日本の事業者にとって，越境ECの利用は，海外に直接出店するリスクがなく，マーケットは広がり，初期投資を抑えながら海外進出を狙えるメリットがある。

情報通信・IT業界

直近の業界各社の関連ニュースを
ななめ読みしておこう。

Google、生成AIで企業需要開拓　Microsoftに対抗

米グーグルが文章や画像を自動で作る生成AI（人工知能）で企業需要の開拓に本腰を入れる。生成AIを組み込んだサービスを開発するための基盤を整え、コストを左右する半導体の自社開発も強化する。企業向けで先行する米マイクロソフトに対抗し、早期の投資回収につなげる。

グーグルのクラウドコンピューティング部門で最高経営責任者（CEO）を務めるトーマス・クリアン氏が日本経済新聞の取材に応じた。同氏は「経済が不安定で一部の企業がIT（情報技術）投資を減速させる一方、AIを使って業務を自動化するプロジェクトが増えてきた」と述べた。

同社はクラウド部門を通じて企業に生成AI関連のサービスを提供する。クリアン氏はサービス開発に使う大規模言語モデルなどの種類を増やし、企業が目的に応じて選べるようにすることが重要だと指摘した。自社開発に加え外部からも調達する方針で、米メタや米新興企業のアンソロピックと連携する。

半導体の調達や開発も強化する。AI向けの画像処理半導体（GPU）を得意とする米エヌビディアとの関係を強め、同社の最新モデル「GH200」を採用する。一方、自社開発も強化し、学習の効率を従来の2倍に高めた「TPU」の提供を始めた。クリアン氏は人材採用などにより開発体制をさらに強化する考えを示した。

グーグルは生成AIを使った米ハンバーガーチェーン大手、ウェンディーズの受注システムの開発を支援したほか、米ゼネラル・モーターズ（GM）と車載情報システムへの対話AIの組み込みで協力している。企業による利用を増やすため、「成果を上げやすいプロジェクトを一緒に選定し、コストなどの効果を測定しやすくする」（クリアン氏）としている。

大手企業に加えて、伸び代が大きい新興企業の取り込みにも力を入れる。クリアン氏は生成AI分野のユニコーン企業の70%、外部から資金提供を受けたAI

新興企業の50%が自社の顧客であると説明した。グーグルのサービスを使うと学習や推論の効率を2倍に高められるといい、「資金の制約が大きい新興勢の支持を受けている」と説明した。

生成AIの企業向けの提供では米オープンAIと資本・業務提携し、同社の技術を利用するマイクロソフトが先行した。同社のサティア・ナデラCEOは4月、「すでにクラウド経由で2500社が利用し、1年前の10倍に増えた」と説明している。グーグルも企業のニーズにきめ細かく応えることで追い上げる。

生成AIの開発と利用に欠かせない高性能のGPUは奪い合いとなっており、価格上昇も著しい。この分野で世界で約8割のシェアを握るエヌビディアの2023年5～7月期決算は売上高が前年同期比2倍、純利益が9倍に拡大した。生成AI開発企業にとっては先行投資の負担が高まる一方で、株式市場では「投資回収の道筋が明確ではない」といった声もある。グーグルやマイクロソフトなどのIT大手にも早期の収益化を求める圧力が強まっており、安定した取引が見込める企業需要の開拓が課題となっている。

各社が生成AIの投資回収の手段として位置付けるクラウド分野では、世界シェア首位の米アマゾン・ドット・コムをマイクロソフトが追い上げている。グーグルは3番手が定着しているが、クリアン氏は「(生成AIで業界構図が)変わる。将来を楽観している」と述べた。長年にわたって世界のAI研究をリードしてきた強みを生かし、存在感を高める考えだ。

(2023年9月3日　日本経済新聞)

Apple、日本拠点40周年　アプリ経済圏460億ドルに

米アップルは8日、アプリ配信サービス「アップストア」経由で提供された日本の商品やサービスの売上高が2022年に計460億ドル(約6兆5500億円)にのぼったと発表した。今年6月に拠点設立から丸40年を迎えた日本で、アップルの存在感は大きい。一方で規制強化の動きなど逆風もある。

ティム・クック最高経営責任者(CEO)は「我々は日本のものづくりの匠(たくみ)の技とデザインが持つ付加価値などについて話し合っている。記念すべき40周年を共に祝えて誇りに思う」とコメントを出した。日本の「アプリ経済圏」の460億ドルのうち、小規模な開発業者の売り上げは20～22年に32%増えたという。

1976年に故スティーブ・ジョブズ氏らが創業したアップル。7年後の83年6

月に日本法人を設けた。それまでは東レなどがパソコン「アップル2」の販売代理店を担い、日本法人の立ち上げ後も一時はキヤノン系が販売を請け負った。2003年には海外初の直営店を東京・銀座に開店し、今は福岡市や京都市などに10店舗を構える。

もともとジョブズ氏は禅宗に通じ、京都を好むなど日本に明るいことで知られた。ソニーを尊敬し、創業者の盛田昭夫氏が死去した1999年のイベントでは盛田氏の写真をスクリーンに映して「新製品を彼に喜んでほしい」と追悼の意を表した。

01年に携帯音楽プレーヤー「iPod」を発売すると、「ウォークマン」やCDの規格で主導していたソニーから音楽業界の主役の座を奪った。日本の家電メーカーにとっては驚異的な存在だったとも言える。

アップルから見ると、日本は製造・販売両面で重要拠点だ。主力スマートフォン「iPhone」で国内の電子部品市場は拡大し、1000社近い巨大なサプライチェーン（供給網）を築いた。「アプリ関連やサプライヤーで100万人を超える日本の雇用を支えている。過去5年間で日本のサプライヤーに1000億ドル以上を支出した」と説明する。

販売面では一人勝ち状態が続く。調査会社MM総研（東京・港）によると、22年のスマホの国内シェアはアップルが約49％と半分に迫り、携帯電話シェアで12年から11年連続で首位に立つ。タブレットのシェアも約50％、スマートウオッチも約60％にのぼる。

「爆発的に普及するとは全く思わなかった」。ジョブズ氏と縁のあった孫正義氏が率いていたソフトバンクが「iPhone3G」を独占販売する際、他の通信大手幹部は「冷ややかな目で見ていた」と振り返る。だが、iPhone人気でソフトバンクは新規顧客を集め、通信業界の勢力図を塗り替えた。11年にはKDDI、13年にNTTドコモが追随し、後に政府から批判される値引き競争や複雑な料金プランにつながっていく。

日本の存在感の大きさはアップルの決算発表にも表れる。資料では毎回、米州、欧州、中華圏、日本、その他アジア太平洋地域という5つの地域別売上高を開示する。単体の国として分けているのは日本だけで、米テクノロジー大手では珍しい。

最近は陰りも見える。足元の日本の売上高は前年同期比11％減で、売上高全体における比率は6％にとどまった。円安や値引き販売の抑制などが理由だが、アップル関係者からは「製造も販売も我々は既にインドを見ている」という声も上がる。

アプリ経済圏の先行きも不透明だ。政府のデジタル市場競争会議は6月、他社が運営する代替アプリストアをアップルが受け入れるよう義務付けるべきだと指摘した。販売減少や規制強化といった逆風を越えられるか——。次の40年に向けた新たな施策が求められる。

（2023年8月8日　日本経済新聞）

初任給、建設・ITで大幅増　若手確保に企業奔走

初任給を大幅に引き上げる企業が相次いでいる。2023年度の初任給伸び率ランキングをみると建設や運輸業界、情報ソフト、通信業界での引き上げが目立つ。新型コロナウイルス禍から経済活動が正常化に進む中、若手確保に動く企業が多いようだ。

日本経済新聞社が実施した23年度の採用計画調査をもとに大卒初任給の前年度比伸び率ランキングを作成。調査は4月4日までに主要企業2308社から回答を得た。

首位は商業施設の設計・施工などを手掛けるラックランドで30.7％増の26万6600円だった。初任給の引き上げは16年ぶりだ。加えて入社4年目まで基本給を底上げするベースアップ（ベア）を毎年3％実施する。施工管理者から営業、設計、メンテナンスまで幅広い人材獲得を目指す。

背景にあるのが年々増す採用の厳しさだ。人事担当者は「22年度は内定辞退が増え採用目標数を割った」と言う。引き上げ後の初任給は全業界平均22万8471円を大きく上回った。6月に解禁した24年卒の採用活動では社長面談の時期を早めるなど学生の獲得策を強化しており、「内定承諾のペースは昨年と比べると速い」という。

石油精製・販売の三愛オブリも大卒初任給を24.9％引き上げ26万円とした。同社は23年度に手当の一部を基本給に組み入れる賃金制度の改定で全社員の基本給が大幅増となった。空港の給油施設運営などを手掛けるなかで空港内作業者の初任給も同水準で引き上げており「採用に弾みをつけたい」とする。

航海士など特殊な技術や知識を要する人材も奪い合いだ。業種別の初任給伸び率ランキングで首位だった海運は業界全体で6.7％増と大幅に伸ばした。なかでもNSユナイテッド海運は大卒初任給で21.1％増の26万3700円。2年連続で初任給を引き上げた。

ゲームなどを含む情報ソフトや金融関連、通信業界なども初任給引き上げが顕

著だ。IT（情報技術）エンジニア確保が目的だ。実際、企業ランキング2位は
スクウェア・エニックス・ホールディングス。全社員の給与も平均10％引き
上げており、「物価高騰に加え新たに優秀な人材の獲得強化を見込む」とする。

実はゲーム業界に初任給引き上げドミノが起きている。バンダイナムコエン
ターテインメントは22年度に大卒初任給を前年度比25％上げて29万円とし
た。カプコンなども22年度に実施。23年度にはスクウェア・エニックスに加
え任天堂が1割増の25万6000円とした。中堅ゲーム会社幹部は「（優秀な人
材の）つなぎ留めのために賃上げをしないと、他社に流出してしまう」と危機
感を隠さない。

金融も初任給の引き上げが目立った。三井住友銀行は初任給を16年ぶりに引
き上げ、大卒で24.4％増の25万5000円とした。スマホ金融などの強化に
必要なデジタル人材はあらゆる業界で奪い合いになっている。

三井住友銀に続き、みずほフィナンシャルグループは24年に5万5000円、
三菱UFJ銀行も同年に5万円、それぞれ初任給を引き上げることを決めている。
ネット専業銀行や地方銀行も相次ぎ初任給引き上げに走っている。

一方、初任給の伸びが低かったのが鉄鋼業界。前年比ほぼ横ばいだった。初任
給は春季労使交渉で決まる場合が多く、鉄鋼大手は効率化などを目的に交渉を
2年に1度としている。23年は労使交渉がなかったことが影響したとみられる。
倉庫・運輸関連は前年比0.9％増、水産や自動車・部品が1％増となった。例
年に比べれば高い賃上げ率だが、各業界とも初任給の全体平均額を下回ってい
る。

過去にも人手不足感が高まると、初任給を引き上げる傾向が強まった。しかし
23年は企業の焦りが感じられる。初任給伸び率が2.2％増となり、10年以降
で最大の伸び率となっているのだ。24年度以降の持続性もカギとなりそうだ。
法政大学の山田久教授は「全体の賃金上昇傾向が続くかは経済の情勢次第で不
透明感が残るが、初任給引き上げ競争は今後も続くだろう」とみる。少子高齢
化で若年労働人口が減る中、企業はIT人材から現場労働者まで若手の採用力
強化が必須となっている。　　　　　　　　（2023年6月18日　日本経済新聞）

NVIDIAとTSMC、生成AIに専用半導体　年内投入へ

半導体設計大手の米エヌビディアと半導体受託生産首位の台湾積体電路製造
（TSMC）が、生成AI向けの専用半導体を年内に投入する。AIが回答を導き出

す過程の速度を前世代品に比べて最大12倍にする。半導体は「新型コロナウイルス特需」の反動で市況が悪化するなか、米台の2強が次の成長分野でリードを固める。

「（AI向け半導体の）需要は非常に強い。サプライチェーン（供給網）のパートナーとともに増産を急いでいる」

エヌビディアのジェンスン・ファン最高経営責任者（CEO）は30日、台北市内で記者会見し、生成AI向け市場の成長性を強調した。台湾出身のファン氏は同日開幕したIT（情報技術）見本市「台北国際電脳展」（コンピューテックス台北）に合わせて訪台した。

エヌビディアはAI分野で広く使われる画像処理半導体（GPU）を手掛け、AI向け半導体で世界シェア8割を握る。「Chat（チャット）GPT」に代表される対話型の生成AIの急速な進化を受け、AIのデータ処理に特化した専用半導体を年内に投入する。

エヌビディアが設計した半導体をTSMCが量産する。AIが質問への回答を導き出す「推論」のスピードを前世代品に比べて最大12倍に速める。

生成AIサービスの多くは、データセンターのサーバー上で開発・運用されている。GPUは膨大なデータをAIに学ばせて回答の精度を上げていく「学習」と、利用者から質問などを受けてAIが答えを導く「推論」の両方に使われる。

特にエヌビディアのGPUは「（AI用途への）最適化が進んでおり、大きな先行者優位がある」（台湾調査会社トレンドフォースの曾伯楷アナリスト）。

チャットGPTを開発した米新興オープンAIは、サービス開発に約1万個のGPUを用いているとされる。トレンドフォースは技術の高度化に伴い、今後は一つのサービスを開発・運用するのに3万個以上のGPUが必要になると予測する。

ゲームや動画編集に使われる一般的なGPUは市販価格が1個10万円以下のものもあるが、AI向け高性能GPUは100万円を優に超える。需要が伸びれば市場全体へのインパクトも大きい。

独調査会社スタティスタは、生成AIがけん引するAI向け半導体の市場規模が、2028年に21年比で12倍の1278億ドル（約18兆円）に急拡大すると予測する。半導体市場全体が22年時点で80兆円規模だったのと比べても存在感は大きい。

エヌビディアを支えるのは、半導体の量産技術で世界トップを走るTSMCだ。新たに投入する生成AI向け半導体を含め、AI向け高性能GPUを独占的に生産する。

両社の関係は1990年代半ばに遡る。創業間もないエヌビディアは、生産委託先の確保に苦しんでいた。台湾出身のファンCEOが頼ったのは当時、半導体受託生産で躍進しつつあったTSMC創業者の張忠謀（モリス・チャン）氏だった。

張氏が電話で直接交渉に応じ、両社の取引がスタートしたという。以後30年近くにわたり、TSMCはゲームからパソコン、AI向けに至る幅広い製品を供給してきた。

近年はAI向け半導体の性能向上の鍵を握る「パッケージング技術」の開発で関係を深めている。異なる機能を持つ複数の半導体を一つのパッケージに収め、効率よく連動させる技術だ。

エヌビディアは2010年代中盤にいち早く同技術をGPUに採用。量産技術を開発するTSMCと二人三脚で、性能向上を実現してきた。

生成AI向け半導体の開発競争は激化が見込まれる。米グーグルや米アマゾン・ドット・コムといったIT大手が、独自に半導体の設計に乗り出している。両社ともエヌビディアの大口顧客だが、自前の半導体開発によってサービスの差別化やコスト低減を狙う。

そのIT大手も半導体の生産は外部委託に頼らざるを得ない。エヌビディアとTSMCの緊密な関係は、今後の競争で有利に働く可能性がある。

20年〜22年前半にかけて好調が続いた世界の半導体市場は、足元で厳しい状況にある。コロナ特需の反動でパソコンやスマホ、ゲーム機などの販売が落ち込み、全体的な市況の回復は24年になるとの見方が強い。TSMCは23年12月期通期に前の期比で減収（米ドルベース）を見込む。

生成AIはスマホなどに代わる半導体市場のけん引役となることが期待される。TSMCの魏哲家CEOは4月中旬の記者会見で「AI向けの需要は強く、業績成長の原動力となる」と強調した。

ファン氏も30日の記者会見で「我々は間違いなく、生成AIの新時代の始まりにいる」と述べ、業界が大きな成長局面に入りつつあると指摘した。生成AIの進化を支える製品を供給できるかが、市場全体の成長を左右する。

（2023年5月30日　日本経済新聞）

5G網整備へ技術者争奪　携帯電話大手4社、14%増員

高速通信網を整備する技術者の争奪が激しい。携帯大手4社は2022年3月

末に技術者を前年同期比14%増やした。転職者の平均年収も新型コロナウイルス禍のときと比較して2割上昇した。足元ではIT（情報技術）・通信エンジニアの転職求人倍率は全体を大きく上回っている。

高速通信規格「5G」の利用区域を広げるため需要は高まる。通信基盤を支える人材の不足が続けば日本のデジタル化に響きかねない。

総務省の調査によると、携帯大手4社の無線従事者や保守などの技術者数は22年3月末時点で計3万5400人だった。

企業ごとに定義の異なる部分はあるものの、前年同期比の伸び率は楽天モバイルが最大の34%増の3500人。次いでソフトバンクが28%増の1万800人、NTTドコモが7%増の1万2100人、KDDIが5%増の8800人と続いた。

5Gの通信速度は4Gの最大100倍で遅延したときの影響は10分の1に低下するとされる。スマートシティーや自動運転、工場機器の遠隔制御などに生かせば、新たなビジネスにつながる。

30年ごろには次世代の6Gへの移行が始まる見込みだが、技術革新とともに複雑なネットワーク構築を求められる。

ソフトバンクの担当者は「災害対策に加えて、5G基地局の整備のために技術者を増やしている」と説明する。KDDIも基地局の保守・運用に関わる技術者の需要は引き続き大きいとみる。

新型コロナで社会のデジタル化の要請が高まり、通信業界の技術者不足は厳しさを増す。KDDIなどで大規模な通信障害が相次いだことも通信網の重要性を意識させた。

人材サービス大手のエン・ジャパンによると、エンジニアが転職した際の22年の平均年収は新型コロナで底となった20年比19%増の519万円だった。

同社で通信業界を担当する星野玲氏は「通信業界は人材獲得が難しい。売り手市場で適正水準を上回る年収を示す事例が多い」と話す。従来は700万円程度が上限だったが、いまは900万円ほどに上がっているという。

携帯大手が求めるネットワーク技術者の22年の求人数は20年より45%増えた。パーソルキャリアの転職サービスのdoda（デューダ）によると、足元の23年2月のIT・通信エンジニアの転職求人倍率は10.19倍で、全体の2.15倍を上回った。

問題はこうした需要をまかなうだけの人材がいないことだ。経済産業省は30年に国内で最大79万人のIT人材が不足すると予測する。

政府は電力・ガス、道路、鉄道などのインフラ点検で規制を緩和し、ドローンや人工知能（AI）の導入を促す。通信でも保守・運用を自動化すれば余剰人員

を競争分野に振り向けることができる。

稲田修一早大教授は「通信業界は他分野に比べて省人化が進んでいるとは言えない」として改善が不可欠だと指摘する。

総務省によると、5Gの全国人口カバー率は22年3月末時点で93%とまだ行き渡っていない。新型コロナで露呈したデジタル化の遅れを取り戻すためにも、5G網づくりを急ぐ必要がある。

（2023年4月19日　日本経済新聞）

IT業界特化のSNSアプリ　HonneWorks

企業の平均年収をまとめたウェブサイトを運営するHonneWorks（ホンネワークス、神奈川県茅ケ崎市）は、IT（情報技術）業界で働く会社員向けに特化したSNS（交流サイト）アプリの提供を始める。利用者は匿名で参加できるが、ホンネワークスが職場のメールアドレスから勤務先を確認する点が特徴。信頼度の高い情報の交換につなげ、転職希望者に役立ててもらう。事業拡大に備え、ベンチャーキャピタル（VC）のゼロイチキャピタルなどからJ-KISS型新株予約権方式で約3000万円を調達した。

（2023年3月7日　日本経済新聞）

ITエンジニア、転職年収2割増　製造業や金融で引き合い

IT（情報技術）エンジニアについて、製造業や金融など非IT系の事業会社に転職した際の年収の上昇が目立つ。2022年までの2年間で2割上がり、エンジニア全体の平均を上回った。デジタルトランスフォーメーション（DX）化などを背景に、社内のシステム構築などの業務が増えた。IT業界以外の企業は、社内にITに詳しい人材が少ない。即戦力となる経験者を中心に高い年収を提示し獲得を急いでいる。

東京都在住の30代男性は、22年12月にITシステムの開発企業から鋼材系メーカーの社内システムエンジニア（SE）に転職した。自社のITインフラの整備をしている。転職で年収は50万円ほど上がった。

以前はクライアント先のシステム開発を担当していた。自社のシステムは利用者からの反応なども確認しやすく、やりがいを感じるという。

人材サービス大手のエン・ジャパンによると、同社の運営する人材紹介サービス「エン エージェント」を通じて決まったITエンジニアの転職のうち、非IT企業の初年度年収（転職決定時、中央値）は22年が516万円。ITエンジニア全体（511万円）を上回る。

上昇率も同様だ。非IT企業は新型コロナウイルスの感染が広がった20年に比べ95万円（22.6％）高い。ITエンジニア全体（21.4％）に比べ、伸びの勢いが目立つ。

背景にあるのが新型コロナ禍を契機とした、IT人材の不足だ。パーソルキャリア（東京・千代田）の転職サービスのdoda（デューダ）のまとめでは、22年12月のIT・通信エンジニアの中途採用求人倍率は12.09倍。全体（2.54倍）を大きく上回った。経済産業省は30年に日本で最大79万人のIT人材が不足すると予測する。

新型コロナの感染拡大で非IT系業種も含め、ビジネス現場のデジタル化が加速した。リモートでの就業環境を整えるだけでなく、経営の中にデジタル化をどう位置づけ推進するのかといった課題が生まれた。

既存システムの安定稼働やメンテナンスといったコロナ禍前からの業務に加え、リモート化や各種セキュリティー強化に取り組む人材が必要になった。

経営管理の観点からは、中長期のIT戦略投資の立案や社内の人材育成も求められるようになった。5年以上のIT実務の経験者や、経営を視野に入れITプロジェクトを進められるミドル層の需要が高まった。特に非IT系業種はこうした人材資源がIT企業に比べ薄く、中途採用を活用せざるを得ない。

dodaによると、22年10～12月期のITエンジニアの新規求人のうち、年収が700万円以上の件数は35％だった。19年同期の19％から16ポイント増えた。大浦征也doda編集長は「事業会社は経験者を採用できなければ競合に後れを取るとの意識がある」としたうえで「採用基準を下げるのではなく、賃金を引き上げてでも人材を獲得しようという動きが強まった」とみる。

中途採用をいかしデジタル関連業務の内製化を進めることで、コストの削減も期待できる。クレディセゾンは19年にITエンジニアの中途採用を始め、20年以降も即戦力となる30～40代を中心に獲得を進める。同社は「内製した案件の開発コストは外部依頼の場合と比べ、21～22年度の累計で約6割削減できる見通し」と説明する。

（2023年2月8日　日本経済新聞）

現職者・退職者が語る 情報通信・IT業界の口コミ

※編集部に寄せられた情報を基に作成

▶ 労働環境

職種：代理店営業　　年齢・性別：20代後半・男性

- ・以前は年功序列の風潮でしたが，今は実力主義になってきています。
- ・会社への利益貢献ができ，上司の目に留まれば出世は早いでしょう。
- ・自己PRが上手で，失敗・成功に関わらず原因分析できることが重要。
- ・上司の目に留まらなければ，芽が出ないまま転職する人も。

職種：システムエンジニア　　年齢・性別：20代後半・男性

- ・転勤が本当に多く，それは女性も例外ではありません。
- ・入社時に「総合職は転勤があるが大丈夫か？」と確認されます。
- ・3～7年で異動になりますが，その都度転勤の可能性があります。
- ・家庭を持っている人や家を持っている人は単身赴任になることも。

職種：法人営業　　年齢・性別：30代前半・男性

- ・残業は月に20時間程度で，ワークライフバランスがとりやすいです。
- ・休日出勤はほとんどなく，1年に数回あるかどうかです。
- ・有給休暇はしっかりと取れるので，休暇の計画は立てやすいです。
- ・子どもの各種行事に積極的に参加している人も周りに多くいます。

職種：営業アシスタント　　年齢・性別：20代前半・女性

- ・全体的にかなり風通しの良い職場です。
- ・飲み会や遊びの計画が多く，社員同士の仲はとても良いです。
- ・社員の年齢層は比較的若めで，イベント好きな人が多い印象です。
- ・東京本社の場合，ワンフロアになっており全体が見渡せる作りです。

▶ 福利厚生

職種：代理店営業　　年齢・性別：20代後半・男性

・独身のうちは社宅（寮）に入ることができます。
・社宅は多少年数が経っていますが，きれいな物が多いです。
・家賃もかなり安くて，住宅補助についてはかなり満足できます。
・住宅補助以外にも，保養施設や通勤補助は非常に充実しています。

職種：法人営業　　年齢・性別：20代前半・男性

・多くの企業のスポンサーのため，各種チケットをもらえたりします。
・某有名遊園地の割引券も手に入ります。
・住居手当，育児休暇など福利厚生全般はかなり充実しています。
・通常の健康診断以外にも人間ドックを無料で受けることができます。

職種：マーケティング　　年齢・性別：20代後半・男性

・各種福利厚生は充実しており，なかでも住宅補助は手厚いです。
・社宅は借り上げで月1～2万円で，家賃10万以上の物件に住めます。
・社宅住まいの場合，年収に換算すると年100万弱の手当となります。
・健康診断・人間ドック，フィットネスなども利用できます。

職種：ネットワーク設計・構築　　年齢・性別：30代後半・男性

・福利厚生は充実しており，有給休暇は2年目から年20日もらえます。
・夏季休暇は5日，年末年始は6日の休暇が付与されます。
・労働組合が強いため，サービス残業はなく，残業代は全額出ます。
・残業時間は，職場にもよりますが，月20～30時間程度かと思います。

▶仕事のやりがい

職種：営業マネージャー　　年齢・性別：40代後半・男性

- 大規模な通信インフラの構築や保守に力を入れています。
- 通信業界の技術進歩は目覚ましいものがあり，夢があります。
- 数年後にどんなサービスができるか予想できない面白さがあります。
- 人々の日常生活に欠かせないものに携われるやりがいがあります。

職種：販促企画・営業企画　　年齢・性別：20代後半・男性

- 企画部門では若手でもやりがいのある大きな仕事を任されます。
- 関わる部門や担当が多岐にわたる場合，調整が大変なことも。
- 事務系社員は2～3年毎にジョブローテーションがあります。
- 常に自身のキャリアパスをしっかり考えておくことが重要です。

職種：法人営業　　年齢・性別：30代前半・男性

- やった分だけ成果としてあらわれるところが面白いです。
- チームプレイの難しさはありますが，勉強になることが多いです。
- 自分個人で考える部分とチームで動くところのバランスが大切。
- お客様に革新的な製品を常に提案できるのは素晴らしいと思います。

職種：経営企画　　年齢・性別：20代前半・男性

- 良くも悪くも完全に社長トップダウンの会社です。
- 会社の成長度に関しては日本随一だと思います。
- 日々学ぶことが多く，熱意をもって取り組めば得るものは大きいです。
- 驚くぐらい優秀な人に出会えることがあり，非常に刺激になります。

▶ ブラック？ホワイト？

職種：ネットワークエンジニア　　年齢・性別：30代後半・男性

- 会社全体のコミュニケーションが弱く，情報共有がされにくいです。
- 会社のどこの部署が何を行っているかわかりません。
- 分野が違う情報は同期などのツテを頼って芋づる式に探す有様です。
- 製品不具合情報等の横展開もほとんどなく，非常に効率が悪いです。

職種：代理店営業　　年齢・性別：20代後半・男性

- 殿様商売と世間では言われていますが，まさにその通り。
- 過去の遺産を食いつぶしているような経営方針で不安になります。
- 消費者の声はほぼ届かず，上からの声だけ受け入れている感じです。
- 40代後半の上層部はかなりの保守派で，時代の流れに抗っています。

職種：プロジェクトリーダー　　年齢・性別：30代前半・男性

- 裁量労働制なので，残業代はありません。
- みなし労働時間は，月35時間残業相当の専門職手当が支払われますが，その範囲で業務が収まるわけがなく，長時間の残業が発生します。
- 残業前提のプロジェクト計画で黒字を目論む企業体質は健在です。

職種：システムエンジニア　　年齢・性別：20代後半・男性

- 裁量労働制が導入されてからは残業が常態化しています。
- 定時で帰ろうものなら「あれ？　何か用事？」と言われます。
- 以前は45時間以上残業する際は申請が必要なほどでしたが，裁量労働制導入後は残業が75時間を越えても何も言われません。

▶女性の働きやすさ

職種：代理店営業　　　年齢・性別：30代前半・男性

・女性の労働環境がかなり整っている会社だと思います。
・出産時に一旦休み，復帰してくるケースは多いです。
・復帰後も時間短縮勤務ができるため，退職する女性は少ないです。
・会社側は女性の活用について，今後も更に取り組んでいくようです。

職種：システムエンジニア　　　年齢・性別：20代前半・男性

・住宅手当など，既婚者が働きやすい環境づくりに力を入れています。
・産休・育休など社内の既婚者はほとんど活用されているようですが，
　実力主義という点はどうしてもあるので覚悟は必要です。
・産休・育休で仕事ができなくなる人は，部署移動や給与にも影響。

職種：社内SE　　　年齢・性別：20代後半・女性

・産休，育休を使う人も多く，女性にはとても良い環境だと思います。
・外部講師を招き，女性の環境向上のためのセミナーなどもあります。
・会社として女性の待遇にとても力を入れているのを感じます。
・年配の上司によっては，差別的な見方の方もまだ若干いますが。

職種：システムエンジニア　　　年齢・性別：20代後半・女性

・課長，部長，統括部長，事業部長に，それぞれ女性が就いています。
・育児休暇制度が整っていて，復帰して働く女性が年々増えています。
・時短勤務になるため男性に比べて出世は遅くなるようです。
・子育てをしながら管理職に昇進できる環境は整っています。

▶今後の展望

職種：営業　　年齢・性別：30代前半・男性

・国内市場は飽和状態のため，海外へ行くしかないと思いますが，経営陣に難があるためグローバル進出は難しいかもしれません。
・アジアを中心に市場開拓していますが，先行きは不透明です。
・金融事業は好調のため，引き続き当社の主軸となるでしょう。

職種：サービス企画　　年齢・性別：20代後半・男性

・事業規模が非常に大きく，現在は非常に安定しています。
・国内に閉じた事業内容なので，今後の伸びしろは微妙かと。
・海外進出の計画もあるようですが，目立った動きはまだありません。
・業種的にグローバル展開の意義はあまりないのかもしれません。

職種：新規事業・事業開発　　年齢・性別：20代後半・男性

・携帯事業以外の新規事業を模索している段階です。
・OTTプレーヤーと言われる企業に勝るサービスの創出に難航中。
・今までの成功体験や仕事のやり方からの脱却がカギだと思います。
・グローバル化にも程遠く，海外志向の人にはオススメできません。

職種：営業　　年齢・性別：20代後半・男性

・安定した収益基盤があり，しばらくは安定して推移すると思います。
・通信をベースに，周辺の事業領域が拡大する余地もあると思います。
・今後は海外展開（特にアジア圏）を積極的に進めていくようです。
・日本市場が今後縮小していく中，海外展開は大きなカギになります。

情報通信・IT 業界　国内企業リスト（一部抜粋）

会社名	本社住所
NEC ネッツエスアイ株式会社	文京区後楽 2-6-1 飯田橋ファーストタワー
株式会社システナ	東京都港区海岸 1 丁目 2 番 20 号 汐留ビルディング 14F
デジタルアーツ株式会社	東京都千代田区大手町 1-5-1 大手町ファーストスクエア ウエストタワー 14F
新日鉄住金ソリューションズ 株式会社	東京都中央区新川二丁目 20-15
株式会社コア	東京都世田谷区三軒茶屋一丁目 22 番 3 号
株式会社ソフトクリエイト ホールディングス	東京都渋谷区渋谷 2 丁目 15 番 1 号 渋谷クロスタワー
IT ホールディングス株式会社	東京都新宿区西新宿 8-17-1 住友不動産新宿グランド タワー 21F（総合受付 14F）
ネオス株式会社	東京都千代田区神田須田町 1-23-1 住友不動産神田ビル 2 号館 10F
株式会社電算システム	岐阜県岐阜市日置江 1 丁目 58 番地
グリー株式会社	東京都港区六本木 6-10-1 六本木ヒルズ森タワー
コーエーテクモ ホールディングス株式会社	神奈川県横浜市港北区箕輪町 1 丁目 18 番 12 号
株式会社三菱総合研究所	東京都千代田区永田町二丁目 10 番 3 号
株式会社ボルテージ	東京都渋谷区恵比寿 4-20-3　恵比寿ガーデンプレイス タワー 28 階
株式会社 電算	長野県長野市鶴賀七瀬中町 276-6
株式会社 ヒト・コミュニケーションズ	東京都豊島区東池袋 1-9-6
株式会社ブレインパッド	東京都港区白金台 3-2-10 白金台ビル
KLab 株式会社	東京都港区六本木 6-10-1 六本木ヒルズ森タワー
ポールトゥウィン・ピットクルー ホールディングス株式会社	東京都新宿区西新宿 2-4-1　新宿 NS ビル 11F
株式会社イーブック イニシアティブジャパン	東京都千代田区神田駿河台 2-9 KDX 御茶ノ水ビル 7F
株式会社　ネクソン	東京都中央区新川二丁目 3 番 1 号
株式会社アイスタイル	東京都港区赤坂 1-12-32 号 アーク森ビル 34 階
株式会社 エムアップ	東京都渋谷区渋谷 2-12-19 東建インターナショナルビル本館 5 階

会社名	本社住所
株式会社エイチーム	名古屋市西区牛島町 6 番 1 号 名古屋ルーセントタワー 36F
株式会社ブロードリーフ	東京都品川区東品川 4-13-14 グラスキューブ品川 8F
株式会社ハーツユナイテッドグループ	東京都港区六本木六丁目 10 番 1 号 六本木ヒルズ森タワー 34 階
株式会社ドワンゴ	東京都中央区銀座 4-12-15 歌舞伎座タワー
株式会社ベリサーブ	東京都新宿区西新宿 6-24-1 西新宿三井ビル 14 階
株式会社マクロミル	東京都港区港南 2-16-1 品川イーストワンタワー 11F
株式会社ティーガイア	東京都渋谷区恵比寿 4-1-18
株式会社豆蔵ホールディングス	東京都新宿区西新宿 2-1-1 新宿三井ビルディング 34 階
テクマトリックス株式会社	東京都港区高輪 4 丁目 10 番 8 号 京急第 7 ビル
GMO ペイメントゲートウェイ株式会社	東京都渋谷区道玄坂 1-14-6 渋谷ヒューマックスビル（受付 7 階）
株式会社ザッパラス	東京都渋谷区渋谷 2 丁目 12 番 19 号 東建インターナショナルビル
株式会社インターネットイニシアティブ	東京都千代田区神田神保町 1-105 神保町三井ビルディング
株式会社ビットアイル	東京都品川区東品川 2-5-5 HarborOne ビル 5F
株式会社 SRA ホールディングス	東京都豊島区南池袋 2-32-8
株式会社朝日ネット	東京都中央区銀座 4-12-15 歌舞伎座タワー 21 階
パナソニック インフォメーションシステムズ株式会社	大阪府大阪市北区茶屋町 19 番 19 号
株式会社フェイス	京都市中京区烏丸通御池下る虎屋町 566-1 井門明治安田生命ビル
株式会社野村総合研究所	東京都千代田区丸の内 1-6-5　丸の内北口ビル
サイバネットシステム株式会社	東京都千代田区神田練塀町 3 番地 富士ソフトビル
株式会社インテージホールディングス	東京都千代田区神田練塀町 3 番地 インテージ秋葉原ビル
ソースネクスト株式会社	東京都港区虎ノ門 3-8-21　虎ノ門 33 森ビル 6 階
株式会社クレスコ	東京都港区港南 2-15-1 品川インターシティ A 棟 25 階〜 27 階
株式会社フジ・メディア・ホールディングス	東京都港区台場二丁目 4 番 8 号
株式会社 オービック	東京都中央区京橋 2 丁目 4 番 15 号

会社名	本社住所
TDC ソフトウェア エンジニアリング株式会社	東京都渋谷区代々木 3-22-7 新宿文化クイントビル
ヤフー株式会社	東京都港区赤坂 9-7-1 ミッドタウン・タワー
トレンドマイクロ株式会社	東京都渋谷区代々木 2-1-1　新宿マインズタワー
日本オラクル株式会社	東京都港区北青山 2-5-8
株式会社アルファシステムズ	川崎市中原区上小田中 6 丁目 6 番 1 号
フューチャーアーキテクト 株式会社	東京都品川区大崎 1-2-2 アートヴィレッジ大崎セントラルタワー
株式会社シーエーシー	東京都中央区日本橋箱崎町 24 番 1 号
ソフトバンク・テクノロジー 株式会社	東京都新宿区西五軒町 13-1　飯田橋ビル 3 号館
株式会社トーセ	京都市下京区東洞院通四条下ル
株式会社オービックビジネス コンサルタント	東京都新宿区西新宿六丁目 8 番 1 号 住友不動産新宿オークタワー 32F
伊藤忠テクノソリューションズ 株式会社	東京都千代田区霞が関 3-2-5　霞が関ビル
株式会社アイティフォー	東京都千代田区一番町 21 番地 一番町東急ビル
株式会社 東計電算	神奈川県川崎市中原区市ノ坪 150
株式会社　エックスネット	東京都新宿区荒木町 13 番地 4　住友不動産四谷ビル 4 階
株式会社大塚商会	東京都千代田区飯田橋 2-18-4
サイボウズ株式会社	東京都文京区後楽 1-4-14 後楽森ビル 12F
ソフトブレーン株式会社	東京都中央区八重洲 2-3-1 住友信託銀行八重洲ビル 9 階
株式会社アグレックス	東京都新宿区西新宿 2 丁目 6 番 1 号 新宿住友ビル
株式会社電通国際情報サービス	東京都港区港南 2-17-1
株式会社 EM システムズ	大阪市淀川区宮原 1 丁目 6 番 1 号 新大阪ブリックビル
株式会社ウェザーニューズ	千葉県千葉市美浜区中瀬 1-3 幕張テクノガーデン
株式会社 CIJ	神奈川県横浜市西区平沼 1-2-24　横浜 NT ビル
ネットワンシステムズ株式会社	東京都千代田区丸の内二丁目 7 番 2 号　JP タワー
株式会社アルゴグラフィックス	東京都中央区日本橋箱崎町 5-14 アルゴ日本橋ビル
ソフトバンク株式会社	東京都港区東新橋 1-9-1

第**3**章

就職活動のはじめかた

入りたい会社は決まった。しかし「就職活動とはそもそ
も何をしていいのかわからない」「どんな流れで進むか
わからない」という声は意外と多い。ここでは就職活
動の一般的な流れや内容，対策について解説していく。

▶就職活動のスケジュール

3月	**4月**	**6月**

就職活動スタート

> 2025年卒の就活スケジュールは,経団連と政府を中心に議論され,2024年卒の採用選考スケジュールから概ね変更なしとされている。

エントリー受付・提出

OB・OG訪問

> 企業の説明会には積極的に参加しよう。独自の企業研究だけでは見えてこなかった新たな情報を得る機会であるとともに,モチベーションアップにもつながる。また,説明会に参加した者だけに配布する資料などもある。

合同企業説明会　　個別企業説明会

筆記試験・面接試験等始まる（3月～）

内々定（大手企業）

2月末までにやっておきたいこと

就職活動が本格化する前に,以下のことに取り組んでおこう。
◎自己分析　◎インターンシップ　◎筆記試験対策
◎業界研究・企業研究　◎学内就職ガイダンス
自分が本当にやりたいことはなにか,自分の能力を最大限に活かせる会社はどこか。自己分析と企業研究を重ね,それを文章などにして明確にしておき,面接時に最大限に活用できるようにしておこう。

7月	**8**月	**10**月

中 小 企 業 採 用 本 格 化

内定者の数が採用予定数に満た
ない企業，1年を通して採用を継
続している企業，夏休み以降に採
用活動を実施企業（後期採用）は
採用活動を継続して行っている。
大企業でも後期採用を行っている
こともあるので，企業から内定が
出ても，納得がいかなければ継続
して就職活動を行うこともある。

中小企業の採用が本格化するのは大手
企業より少し遅いこの時期から。HP
などで採用情報をつかむとともに，企
業研究も怠らないようにしよう。

内々定とは10月1日以前に通知（電話等）
されるもの。内定に関しては現在協定があり，
10月1日以降に文書等にて通知される。

内々定（中小企業）

内定式（10月〜）

どんな人物が求められる？

多くの企業は，常識やコミュニケーション能力があり，社会のできごと
に高い関心を持っている人物を求めている。これは「会社の一員と
して将来の企業発展に寄与してくれるか」という視点に基づく，もっとも
普遍的な選考基準だ。もちろん，「自社の志望を真剣に考えているか」
「自社の製品，サービスにどれだけの関心を向けているか」という熱
意の部分も重要な要素になる。

就活ロールプレイ！

理論編 STEP 1　就職活動のスタート

内定までの道のりは，大きく分けると以下のようになる。

自 己 分 析

↓

企 業 研 究

↓

エントリーシート・筆記試験・面接

↓

内 定

01 まず自己分析からスタート

　就職活動とは，「企業に自分をPRすること」。自分自身の興味，価値観に加えて，強み・能力という要素が加わって，初めて企業側に「自分が働いたら，こういうポイントで貢献できる」と自分自身を売り込むことができるようになる。

■自分の来た道を振り返る

　自己分析をするための第一歩は，「振り返ってみる」こと。

　小学校，中学校など自分のいた"場"ごとに何をしたか（部活動など），何を学んだか，交友関係はどうだったか，興味のあったこと，覚えている印象的なことを書き出してみよう。

■テストを受けてみる

　"自分では気がついていない能力"を客観的に検査してもらうことで，自分に向いている職種が見えてくる。下記の5種類が代表的なものだ。

①職業適性検査　②知能検査　③性格検査

④職業興味検査　⑤創造性検査

■先輩や専門家に相談してみる

　就職活動をするうえでは，"いかに他人に自分のことをわかってもらうか"が重要なポイント。他者の視点で自分を分析してもらうことで，より客観的な視点で自己PRができるようになる。

自己分析の流れ

❏過去の経験を書いてみる

❏現在の自己イメージを明確にする…行動，考え方，好きなものなど。

❏他人から見た自分を明確にする

❏将来の自分を明確にしてみる…どのような生活をおくっていたいか。期待，夢，願望。なりたい自分はどういうものか，掘り下げて考える。→自己分析結果を，志望動機につなげていく。

01 企業の絞り込み

　志望企業の絞り込みについての考え方は大きく分けて2つある。

　第1は，同一業種の中で1次候補，2次候補……と絞り込んでいく方法。

　第2は，業種を1次，2次，3次候補と変えながら，それぞれに2社程度ずつ絞り込んでいく方法。

　第1の方法では，志望する同一業種の中で，一流企業，中堅企業，中小企業，縁故などがある歯止めの会社……というふうに絞り込んでいく。

　第2の方法では，自分が最も望んでいる業種，将来好きになれそうな業種，発展性のある業種，安定性のある業種，現在好況な業種……というふうに区別して，それぞれに適当な会社を絞り込んでいく。

02 情報の収集場所

・キャリアセンター

・新聞

・インターネット

・企業情報

『就職四季報』（東洋経済新報社刊），『日経会社情報』（日本経済新聞社刊）などの企業情報。この種の資料は本来"株式市場"についての資料だが，その時期の景気動向を含めた情報を仕入れることができる。

・経済雑誌

『ダイヤモンド』（ダイヤモンド社刊）や『東洋経済』（東洋経済新報社刊），『エコノミスト』（毎日新聞出版刊）など。

・OB・OG／社会人

①成長力

まず"売上高"。次に資本力の問題や利益率などの比率。いくら資本金があっても，それを上回る膨大な借金を抱えていて，いくら稼いでも利払いに追われまくるようでは，成長できないし，安定できない。

成長力を見るには自己資本率を割り出してみる。自己資本を総資本で割って100を掛けると自己資本率がパーセントで出てくる。自己資本の比率が高いほうが成長力もあり安定度も高い。

利益率は純利益を売上高で割って100を掛ける。利益率が高ければ，企業はどんどん成長するし，社員の待遇も上昇する。利益率が低いということは，仕事がどんなに忙しくても利益にはつながらないということになる。

②技術力

技術力は，短期的な見方と長期的な展望が必要になってくる。研究部門が適切な規模か，大学など企業外の研究部門との連絡があるか，先端技術の分野で開発を続けているかどうかなど。

③経営者と経営形態

会社が将来，どのような発展をするか，または衰退するかは経営者の経営哲学，経営方針によるところが大きい。社長の経歴を知ることも必要。創始者の息子，孫といった親族が社長をしているのか，サラリーマン社長か，官庁などからの天下りかということも大切なチェックポイント。

④社風

社風というのは先輩社員から後輩社員に伝えられ，教えられるもの。社風もいろいろな面から必ずチェックしよう。

⑤安定性

企業が成長しているか，安定しているかということは車の両輪。どちらか片方の回転が遅くなっても企業はバランスを失う。安定し，しかも成長する。これが企業として最も理想とするところ。

⑥待遇

初任給だけを考えてみても，それが手取りなのか，基本給なのか。基本給というのはボーナスから退職金，定期昇給の金額にまで響いてくる。また，待遇というのは給与ばかりではなく，福利厚生施設でも大きな差が出てくる。

■そのほかの会社比較の基準

1. ゆとり度

　休暇制度は，企業によって独自のものを設定しているところもある。「長期休暇制度」といったものなどの制定状況と，また実際に取得できているかどうかも調べたい。

2. 独身寮や住宅設備

　最近では，社宅は廃止し，住宅手当を多く出すという流れもある。寮や社宅についての福利厚生は調べておく。

3. オフィス環境

　会社に根づいた慣習や社員に対する考え方が，意外にオフィスの設備やレイアウトに表れている場合がある。

　たとえば，個人の専有スペースの広さや区切り方，パソコンなどOA機器の設置状況，上司と部下の机の配置など，会社によってずいぶん違うもの。玄関ロビーや受付の様子を観察するだけでも，会社ごとのカラーや特徴がどこかに見えてくる。

4. 勤務地

　転勤はイヤ，どうしても特定の地域で生活していきたい。そんな声に応えて，最近は流通業などを中心に，勤務地限定の雇用制度を取り入れる企業も増えている。

---

column　初任給では分からない本当の給与

　会社の給与水準には「初任給」「平均給与」「平均ボーナス」「モデル給与」など，判断材料となるいくつかのデータがある。これらのデータからその会社の給料の優劣を判断するのは非常に難しい。

　たとえば中小企業の中には，初任給が飛び抜けて高い会社がときどきある。しかしその後の昇給率は大きくないのがほとんど。

　一方，大手企業の初任給は業種間や企業間の差が小さく，ほとんど横並びと言っていい。そこで，「平均給与」や「平均ボーナス」などで将来の予測をするわけだが，これは一応の目安とはなるが，個人差があるので正確とは言えない。

■決定版「就職ノート」はこう作る

　1冊にすべて書き込みたいという人には，ルーズリーフ形式のノートがお勧め。会社研究，スケジュール，時事用語，OB／OG訪問，切り抜きなどの項目を作りインデックスをつける。

　カレンダー，説明会，試験などのスケジュール表を貼り，とくに会社別の説明会，面談，書類提出，試験の日程がひと目で分かる表なども作っておく。そして見開き2ページで1社を載せ，左ページに企業研究，右ページには志望理由，自己PRなどを整理する。

就職ノートの主なチェック項目

❑企業研究…資本金，業務内容，従業員数など基礎的な会社概要から，
　過去の採用状況，業務報告などのデータ

❑採用試験メモ…日程，条件，提出書類，採用方法，試験の傾向など

❑店舗・営業所見学メモ…流通関係，銀行などの場合は，客として訪問し，
　商品（値段，使用価値，ユーザーへの配慮），店員（接客態度，商品知識，
　熱意，親切度），店舗（ショーケース，陳列の工夫，店内の清潔さ）な
　どの面をチェック

❑OB／OG訪問メモ…OB／OGの名前，連絡先，訪問日時，面談場所，
　質疑応答のポイント，印象など

❑会社訪問メモ…連絡先，人事担当者名，会社までの交通機関，最寄り
　駅からの地図，訪問のときに得た情報や印象，訪問にいたるまでの経過
　も記入

　「OB／OG訪問」は，実際は採用予備選考開始。まず，OB／OG訪問を希望したら，大学のキャリアセンター，教授などの紹介で，志望企業に勤める先輩の手がかりをつかむ。もちろん直接電話なり手紙で，自分の意向を会社側に伝えてもいい。自分の在籍大学，学部をはっきり言って，「先輩を紹介していただけないでしょうか」と依頼しよう。

参考 ▶ ## OB／OG訪問時の質問リスト例

●**採用について**
- ・成績と面接の比重　　　　　・評価のポイント
- ・採用までのプロセス（日程）　・筆記試験の傾向と対策
- ・面接は何回あるか　　　　　・コネの効力はどうか
- ・面接で質問される事項　etc.

●**仕事について**
- ・内容（入社10年, 20年のOB/OG）　・新入社員の仕事
- ・希望職種につけるのか　　　　　・やりがいはどうか
- ・残業，休日出勤，出張など　　　・同業他社と比較してどうか　etc.

●**社風について**
- ・社内のムード　　　　　　・上司や同僚との関係
- ・仕事のさせ方　etc.

●**待遇について**
- ・給与について　　　　　　・福利厚生の状態
- ・昇進のスピード　　　　　・離職率について　etc.

06 インターンシップ

インターンシップとは，学生向けに企業が用意している「就業体験」プログラム。ここで学生はさまざまな企業の実態をより深く知ることができ，その後の就職活動において自己分析，業界研究，職種選びなどに活かすことができる。また企業側にとっても有能な学生を発掘できるというメリットがあるため，導入する企業は増えている。

インターンシップ参加が採用につながっているケースもあるため，たくさん参加してみよう。

> ### column　コネを利用するのも１つの手段？
>
> コネを活用できるのは，以下のような場合である。
>
> ・企業と大学に何らかの「連絡」がある場合
>
> 　企業の新卒採用の場合，特定校・指定校が決められていることもある。企業側が過去の実績などに基づいて決めており，大学の力が大きくものをいう。
>
> 　とくに理工系では，指導教授や研究室と企業との連絡が密接な場合が多く，教授の推薦が有利であることは言うまでもない。同じ大学出身の先輩とのコネも，この部類に区分できる。
>
> ・志望企業と「関係」ある人と関係がある場合
>
> 　一般的に言えば，志望企業の取り引き先関係からの紹介というのが一番多い。ただし，年間億単位の実績が必要で，しかも部長・役員以上につながっていなければコネがあるとは言えない。
>
> ・志望企業と何らかの「親しい関係」がある場合
>
> 　志望企業に勤務したりアルバイトをしていたことがあるという場合。インターンシップもここに分類される。職場にも馴染みがあり人間関係もできているので，就職に際してきわめて有利。
>
> ・志望会社に関係する人と「縁故」がある場合
>
> 　縁故を「血縁関係」とした場合，日本企業ではこのコネはかなり有効なところもある。ただし，血縁者が同じ会社にいるというのは不都合なことも多いので，どの企業も慎重。

1. 受付の様子

　受付事務がテキパキとしていて，分かりやすいかどうか。社員の態度が親切で誠意が伝わってくるかどうか。

　こういった受付の様子からでも，その会社の社員教育の程度や，新入社員採用に対する熱意とか期待を推し測ることができる。

2. 控え室の様子

　控え室が2カ所以上あって，国立大学と私立大学の訪問者とが，別々に案内されているようなことはないか。また，面談の順番を意図的に変えているようなことはないか。これはよくある例で，すでに大半は内定しているということを意味する場合が多い。

3. 社内の雰囲気

　社員の話し方，その内容を耳にはさむだけでも，社風が伝わってくる。

4. 面談の様子

　何時間も待たせたあげくに，きわめて事務的に，しかも投げやりな質問しかしないような採用担当者である場合，この会社は人事が適正に行われていないということだから，一考したほうがよい。

参考 ▶ 説明会での質問項目

・質問内容が抽象的でなく，具体性のあるものかどうか。

・質問内容は，現在の社会・経済・政治などの情況を踏まえた，
　大学生らしい高度で専門性のあるものか。

・質問をするのはいいが，「それでは，あなたの意見はどうか」と
　逆に聞かれたとき，自分なりの見解が述べられるものであるか。

　提出する書類は6種類。①～③が大学に申請する書類，④～⑥が自分で書く
書類だ。大学に申請する書類は一度に何枚も入手しておこう。

①「卒業見込証明書」

②「成績証明書」

③「健康診断書」

④「履歴書」

⑤「エントリーシート」

⑥「会社説明会アンケート」

■自分で書く書類は「自己PR」

　第1次面接に進めるか否かは「自分で書く書類」の出来にかかっている。「履
歴書」と「エントリーシート」は会社説明会に行く前に準備しておくもの。「会
社説明会アンケート」は説明会の際に書き，その場で提出する書類だ。

01 履歴書とエントリーシートの違い

　Webエントリーを受け付けている企業に資料請求をすると，資料と一緒に「エ
ントリーシート」が送られてくるので，応募サイトのフォームやメールでエン
トリーシートを送付する。Webエントリーを行っていない企業には，ハガキや
メールで資料請求をする必要があるが，「エントリーシート」は履歴書とは異な
り，企業が設定した設問に対して回答するもの。すなわちこれが「1次試験」で
あり，これにパスをした人だけが会社説明会に呼ばれる。

■字はていねいに

　字を書くところから，その企業に対する"本気度"は測られている。

■誤字，脱字は厳禁

　使用するのは，黒のインク。

■修正液使用は不可

■数字は算用数字

■自分の広告を作るつもりで書く

　自分はこういう人間であり，何がしたいかということを簡潔に書く。メリットになることだけで良い。自分に損になるようなことを書く必要はない。

■「やる気」を示す具体的なエピソードを

　「私はやる気があります」「私は根気があります」という抽象的な表現だけではNG。それを示すエピソードのようなものを書かなくては意味がない。

Point

自己紹介欄の項目はすべて「自己PR」。自分はこういう人間であることを印象づけ，それがさらに企業への「志望動機」につながっていくような書き方をする。

---

column　履歴書やエントリーシートは，共通でもいい？

　「履歴書」や「エントリーシート」は企業によって書き分ける。業種はもちろん，同じ業界の企業であっても求めている人材が違うからだ。各書類は提出前にコピーを取り，さらに出した企業名を忘れずに書いておくことも大切だ。

履歴書記入のPoint

写真	スナップ写真は不可。 スーツ着用で,胸から上の物を使用する。ポイントは「清潔感」。 氏名・大学名を裏書きしておく。
日付	郵送の場合は投函する日,持参する場合は持参日の日付を記入する。
生年月日	西暦は避ける。元号を省略せずに記入する。
氏名	戸籍上の漢字を使う。印鑑押印欄があれば忘れずに押す。
住所	フリガナ欄がカタカナであればカタカナで,平仮名であれば平仮名で記載する。
学歴	最初の行の中央部に「学□□歴」と2文字程度間隔を空けて,中学校卒業から大学(卒業・卒業見込み)まで記入する。 中途退学の場合は,理由を簡潔に記載する。留年は記入する必要はない。 職歴がなければ,最終学歴の一段下の行の右隅に,「以上」と記載する。
職歴	最終学歴の一段下の行の中央部に「職□□歴」と2文字程度間隔を空け記入する。 「株式会社」や「有限会社」など,所属部門を省略しないで記入する。 「同上」や「〃」で省略しない。 最終職歴の一段下の行の右隅に,「以上」と記載する。
資格・免許	4級以下は記載しない。学習中のものも記載して良い。 「普通自動車第一種運転免許」など,省略せずに記載する。
趣味・特技	具体的に(例:読書でもジャンルや好きな作家を)記入する。
志望理由	その企業の強みや良い所を見つけ出したうえで,「自分の得意な事」がどう活かせるかなどを考えぬいたものを記入する。
自己PR	応募企業の事業内容や職種にリンクするような,自分の経験やスキルなどを記入する。
本人希望欄	面接の連絡方法,希望職種・勤務地などを記入する。「特になし」や空白はNG。
家族構成	最初に世帯主を書き,次に配偶者,それから家族を祖父母,兄弟姉妹の順に。続柄は,本人から見た間柄。兄嫁は,義姉と書く。
健康状態	「良好」が一般的。

理論編 STEP4 エントリーシートの記入

01 エントリーシートの目的

・応募者を，決められた採用予定者数に絞り込むこと
・面接時の資料にする

の2つ。

■知りたいのは職務遂行能力

採用担当者が学生を見る場合は，「こいつは与えられた仕事をこなせるかどうか」という目で見ている。企業に必要とされているのは仕事をする能力なのだ。

Point

質問に忠実に，"自分がいかにその会社の求める人材に当てはまるか"を
丁寧に答えること。

---

02 効果的なエントリーシートの書き方

■情報を伝える書き方

課題をよく理解していることを相手に伝えるような気持ちで書く。

■文章力

大切なのは全体のバランスが取れているか。書く前に，何をどれくらいの字数で収めるか計算しておく。

「起承転結」でいえば，「起」は，文章を起こす導入部分。「承」は，起を受けて，その提起した問題に対して承認を求める部分。「転」は，自説を展開する部分。もっともオリジナリティが要求される。「結」は，最後の締めの結論部分。文章の構成・まとめる力で，総合的な能力が高いことをアピールする。

エントリーシートでよく取り上げられる題材と，その出題意図

エントリーシートで求められるものは，「自己PR」「志望動機」「将来どうなりたいか（目指すこと）」の3つに大別される。

1.「自己PR」

自己分析にしたがって作成していく。重要なのは，「なぜそうしようと思ったか？」「○○をした結果，何が変わったのか？何を得たのか？」という"連続性"が分かるかどうかがポイント。

2.「志望動機」

自己PRと一貫性を保ち，業界志望理由と企業志望理由を差別化して表現するように心がける。志望する業界の強みと弱み，志望企業の強みと弱みの把握は基本。

3.「将来の展望」

どんな社員を目指すのか，仕事へはどう臨もうと思っているか，目標は何か，などが問われる。仕事内容を事前に把握しておくだけでなく，5年後の自分，10年後の自分など，具体的な将来像を描いておくことが大切。

表現力，理解力のチェックポイント

- ❑文法，語法が正しいかどうか
- ❑論旨が論理的で一貫しているかどうか
- ❑1センテンスが簡潔かどうか
- ❑表現が統一されているかどうか（「です，ます」調か「だ，である」調か）

01 個人面接

●自由面接法

面接官と受験者のキャラクターやその場の雰囲気，質問と応答の進行具合などによって雑談形式で自由に進められる。

●標準面接法

自由面接法とは逆に，質問内容や評価の基準などがあらかじめ決まっている。実際には自由面接法と併用で，おおまかな質問事項や判定基準，評価ポイントを決めておき，質疑応答の内容上の制限を緩和しておくスタイルが一般的。1次面接などでは標準面接法をとり，2次以降で自由面接法をとる企業も多い。

●非指示面接法

受験者に自由に発言してもらい，面接官は話題を引き出したりするときなど，最小限の質問をするという方法。

●圧迫面接法

わざと受験者の精神状態を緊張させ，受験者がどのような応答をするかを観察し，判定する。受験者は，冷静に対応することが肝心。

02 集団面接

面接の方法は個人面接と大差ないが，面接官がひとつの質問をして，受験者が順にそれに答えるという方法と，面接官が司会役になって，座談会のような形式で進める方法とがある。

座談会のようなスタイルでの面接は，なるべく受験者全員が関心をもっているような話題を取りあげ，意見を述べさせるという方法。この際，司会役以外の面接官は一言も発言せず，判定・評価に専念する。

03 グループディスカッション

　グループディスカッション（以下，GD）の時間は30〜60分程度，1グループの人数は5〜10人程度で，司会は面接官が行う場合や，時間を決めて学生が交替で行うことが多い。面接官は内容については特に指示することはなく，受験者がどのようにGDを進めるかを観察する。

　評価のポイントは，全体的には理解力，表現力，指導性，積極性，協調性など，個別的には性格，知識，適性などが観察される。

　GDの特色は，集団の中での個人ということで，受験者の能力がどの程度のものであるか，また，どのようなことに向いているかを判定できること。受験者は，グループの中における自分の位置を面接官に印象づけることが大切だ。

グループディスカッション方式の面接におけるチェックポイント

- ❑ 全体の中で適切な論点を提供できているかどうか。
- ❑ 問題解決に役立つ知識を持っているか，また提供できているかどうか。
- ❑ もつれた議論を解きほぐし，的はずれの議論を元に引き戻す努力をしているかどうか。
- ❑ グループ全体としての目標をいつも考えているかどうか。
- ❑ 感情的な対立や攻撃をしかけているようなことはないか。
- ❑ 他人の意見に耳を傾け，よい意見には賛意を表し，それを全体に推し広げようという寛大さがあるかどうか。
- ❑ 議論の流れを自然にリードするような主導性を持っているかどうか。
- ❑ 提出した意見が議論の進行に大きな影響を与えているかどうか。

04 面接時の注意点

●控え室

　控え室には，指定された時間の15分前には入室しよう。そこで担当の係から，面接に際しての注意点や手順の説明が行われるので，疑問点は積極的に聞くようにし，心おきなく面接にのぞめるようにしておこう。会社によっては，所定のカードに必要事項を書き込ませたり，お互いに自己紹介をさせたりする場合もある。また，この控え室での行動も細かくチェックして，合否の資料にしている会社もある。

●入室・面接開始

　係員がドアの開閉をしてくれる場合もあるが，それ以外は軽くノックして入室し，必ずドアを閉める。そして入口近くで軽く一礼し，面接官か補助員の「どうぞ」という指示で正面の席に進み，ここで再び一礼をする。そして，学校名と氏名を名のって静かに着席する。着席時は，軽く椅子にかけるようにする。

●面接終了と退室

　面接の終了が告げられたら，椅子から立ち上がって一礼し，椅子をもとに戻して，面接官または係員の指示を受けて退室する。

　その際も，ドアの前で面接官のほうを向いて頭を下げ，静かにドアを開閉する。控え室に戻ったら，係員の指示を受けて退社する。

05 面接試験の評定基準

●協調性

　企業という「集団」では，他人との協調性が特に重視される。

　感情や態度が円満で調和がとれていること，極端に好悪の情が激しくなく，物事の見方や考え方が穏健で中立であることなど，職場での人間関係を円滑に進めていくことのできる人物かどうかが評価される。

●話し方

　外観印象的には，言語の明瞭さや応答の態度そのものがチェックされる。小さな声で自信のない発言，乱暴野卑な発言は減点になる。

　考えをまとめたら，言葉を選んで話すくらいの余裕をもって，真剣に応答しようとする姿勢が重視される。軽率な応答をしたり，まして発言に矛盾を指摘されるような事態は極力避け，もしそのような状況になりそうなときは，自分の非を認めてはっきりと謝るような態度を示すべき。

●好感度

　実社会においては，外観による第一印象が，人間関係や取引に大きく影響を及ぼす。

　「フレッシュな爽やかさ」に加え，入社志望など，自分の意思や希望をより明確にすることで，強い信念に裏づけられた姿勢をアピールできるよう努力したい。

●判断力

何を質問されているのか，何を答えようとしているのか，常に冷静に判断していく必要がある。

●**表現力**

話に筋道が通り理路整然としているか，言いたいことが簡潔に言えるか，話し方に抑揚があり聞く者に感銘を与えるか，用語が適切でボキャブラリーが豊富かどうか。

●**積極性**

活動意欲があり，研究心旺盛であること，進んで物事に取り組み，創造的に解決しようとする意欲が感じられること，話し方にファイトや情熱が感じられること，など。

●**計画性**

見通しをもって順序よく合理的に仕事をする性格かどうか，またその能力の有無。企業の将来性のなかに，自分の将来をどうかみ合わせていこうとしているか，現在の自分を出発点として，何を考え，どんな仕事をしたいのか。

●**安定性**

情緒の安定は，社会生活に欠くことのできない要素。自分自身をよく知っているか，他の人に流されない信念をもっているか。

●**誠実性**

自分に対して忠実であろうとしているか，物事に対してどれだけ誠実な考え方をしているか。

●**社会性**

企業は集団活動なので，自分の考えに固執したり，不平不満が多い性格は向かない。柔軟で適応性があるかどうか。

---Point---

清潔感や明朗さ，若々しさといった外観面も重視される。

---

06 面接試験の質問内容

1. 志望動機

受験先の概要や事業内容はしっかりと頭の中に入れておく。また，その企業の企業活動の社会的意義と，自分自身の志望動機との関連を明確にしておく。「安定している」「知名度がある」「将来性がある」といった利己的な動機，「自

分の性格に合っている」というような，あいまいな動機では説得力がない。安定性や将来性が，具体的にどのような企業努力によって支えられているのかという考察も必要だし，それに対する受験者自身の評価や共感なども問われる。

①どうしてその業種なのか

②どうしてその企業なのか

③どうしてその職種なのか

以上の①〜③と，自分の性格や資質，専門などとの関連性を説明できるようにしておく。

自分がどうしてその会社を選んだのか，どこに大きな魅力を感じたのかを，できるだけ具体的に，情熱をもって語ることが重要。自分の長所と仕事の適性を結びつけてアピールし，仕事のやりがいや仕事に対する興味を述べるのもよい。

■**複数の企業を受験していることは言ってもいい？**

同じ職種，同じ業種で何社かかけもちしている場合，正直に答えてもかまわない。しかし，「第一志望はどこですか」というような質問に対して，正直に答えるべきかどうかというと，やはりこれは疑問がある。どんな会社でも，他社を第一志望にあげられれば，やはり愉快には思わない。

また，職種や業種の異なる会社をいくつか受験する場合も同様で，極端に性格の違う会社をあげれば，その矛盾を突かれるのは必至だ。

2. 仕事に対する意識・職業観

採用試験の段階では，次年度の配属予定が具体的に固まっていない会社もかなりある。具体的に職種や部署などを細分化して募集している場合は別だが，そうでない場合は，希望職種をあまり狭く限定しないほうが賢明。どの業界においても，採用後，新入社員には，研修としてその会社の各セクションをひと通り経験させる企業は珍しくない。そのうえで，具体的な配属計画を検討するのだ。

大切なことは，就職や職業というものを，自分自身の生き方の中にどう位置づけるか，また，自分の生活の中で仕事とはどういう役割を果たすのかを考えてみること。つまり自分の能力を活かしたい，社会に貢献したい，自分の存在価値を社会的に実現してみたい，ある分野で何か自分の力を試してみたい……，などの場合を考え，それを自分自身の人生観，志望職種や業種などとの関係を考えて組み立ててみる。自分の人生観をもとに，それを自分の言葉で表現できるようにすることが大切。

3. 自己紹介・自己PR

性格そのものを簡単に変えたり，欠点を克服したりすることは実際には難しいが，"仕方がない"という姿勢を見せることは禁物で，どんなささいなことでも，努力している面をアピールする。また一般的にいって，専門職を除けば，就職時になんらかの資格や技能を要求する企業は少ない。

ただ，資格をもっていれば採用に有利とは限らないが，専門性を要する業種では考慮の対象とされるものもある。たとえば英検，簿記など。

企業が学生に要求しているのは，4年間の勉学を重ねた学生が，どのように仕事に有用であるかということで，学生の知識や学問そのものを聞くのが目的ではない。あくまで，社会人予備軍としての謙虚さと素直さを失わないようにする。

知識や学力よりも，その人の人間性，ビジネスマンとしての可能性を重視するからこそ，面接担当者は，学生生活全般について尋ねることで，書類だけでは分からない人間性を探ろうとする。

何かうち込んだものや思い出に残る経験などは，その人の人間的な成長になんらかの作用を及ぼしているものだ。どんな経験であっても，そこから受けた印象や教訓などは，明確に答えられるようにしておきたい。

4. 一般常識・時事問題

一般常識・時事問題については筆記試験の分野に属するが，面接でこうしたテーマがもち出されることも珍しくない。受験者がどれだけ社会問題に関心をもっているか，一般常識をもっているか，また物事の見方・考え方に偏りがないかなどを判定する。知識や教養だけではなく，一問一答の応答を通じて，その人の性格や適応能力まで判断されることになる。

07 面接に向けての事前準備

■面接試験１カ月前までには万全の準備をととのえる

●志望会社・職種の研究

新聞の経済欄や経済雑誌などのほか，会社年鑑，株式情報など書物による研究をしたり，インターネットにあがっている企業情報や，検索によりさまざまな角度から調べる。すでにその会社へ就職している先輩や知人に会って知識を得たり，大学のキャリアセンターへ情報を求めるなどして総合的に判断する。

■専攻科目の知識・卒論のテーマなどの整理

大学時代にどれだけ勉強してきたか，専攻科目や卒論のテーマなどを整理しておく。

■**時事問題に対する準備**

　毎日欠かさず新聞を読む。志望する企業の話題は，就職ノートに整理するなどもアリ。

面接当日の必需品

❏必要書類（履歴書，卒業見込証明書，成績証明書，健康診断書，推薦状）
❏学生証
❏就職ノート（志望企業ファイル）
❏印鑑，朱肉
❏筆記用具（万年筆，ボールペン，サインペン，シャープペンなど）
❏手帳，ノート
❏地図（訪問先までの交通機関などをチェックしておく）
❏現金（小銭も用意しておく）
❏腕時計（オーソドックスなデザインのもの）
❏ハンカチ，ティッシュペーパー
❏くし，鏡（女性は化粧品セット）
❏シューズクリーナー
❏ストッキング
❏折りたたみ傘（天気予報をチェックしておく）
❏携帯電話，充電器

■一般常識試験

社会人として企業活動を行ううえで最低限必要となる一般常識のほか，
英語，国語，社会(時事問題)，数学などの知識の程度を確認するもの。

　難易度はおおむね中学・高校の教科書レベル。一般常識の問題集を1冊やっておけばよいが，業界によっては専門分野が出題されることもあるため，必ず志望する企業のこれまでの試験内容は調べておく。

■一般常識試験の対策

・英語　慣れておくためにも，教科書を復習する，英字新聞を読むなど。

・国語　漢字，四字熟語，反対語，同音異義語，ことわざをチェック。

・時事問題　新聞や雑誌，テレビ，ネットニュースなどアンテナを張っておく。

■適性検査

　SPI（Synthetic Personality Inventory）試験（SPI3試験）とも呼ばれ，能力テストと性格テストを合わせたもの。

　能力テストでは国語能力を測る「言語問題」と，数学能力を測る「非言語問題」がある。言語的能力，知覚能力，数的能力のほか，思考・推理能力，記憶力，注意力などの問題で構成されている。

　性格テストは「はい」か「いいえ」で答えていく。仕事上の適性と性格の傾向などが一致しているかどうかをみる。

SPIは職務への適応性を客観的にみるためのもの。

01 「論文」と「作文」

　一般に「論文」はあるテーマについて自分の意見を述べ，その論証をする文章で，必ず意見の主張とその論証という2つの部分で構成される。問題提起と論旨の展開，そして結論を書く。

　「作文」は，一般的には感想文に近いテーマ，たとえば「私の興味」「将来の夢」といったものがある。

　就職試験では「論文」と「作文」を合わせた"論作文"とでもいうようなものが出題されることが多い。

　論作文試験とは，「文章による面接」。テーマに書き手がどういう態度を持っているかを知ることが，出題の主な目的だ。受験者の知識・教養・人生観・社会観・職業観，そして将来への希望などが，どのような思考を経て，どう表現されているかによって，企業にとって，必要な人物かどうかを判断している。

　論作文の場合には，書き手の社会的意識や考え方に加え，「感銘を与える」働きが要求される。就職活動とは，企業に対し「自分をアピールすること」だということを常に念頭に置いておきたい。

Point

論文と作文の違い

	論　　文	作　　文
テーマ	学術的・社会的・国際的なテーマ。時事，経済問題など	個人的・主観的なテーマ。人生観，職業観など
表現	自分の意見や主張を明確に述べる。	自分の感想を述べる。
展開	四段型（起承転結）の展開が多い。	三段型（はじめに・本文・結び）の展開が多い。
文体	「だ調・である調」のスタイルが多い。	「です調・ます調」のスタイルが多い。

・テーマ

与えられた課題（テーマ）を，受験者はどのように理解しているか。

出題されたテーマの意義をよく考え，それに対する自分の意見や感情が，十分に整理されているかどうか。

・表現力

課題について本人が感じたり，考えたりしたことを，文章で的確に表しているか。

・字・用語・その他

かなづかいや送りがなが合っているか，文中で引用されている格言やことわざの類が使用法を間違えていないか，さらに誤字・脱字に至るまで，文章の基本的な力が受験者の人柄ともからんで厳密に判定される。

・オリジナリティ

魅力がある文章とは，オリジナリティを率直に出すこと。自分の感情や意見を，自分の言葉で表現する。

・生活態度

文章は，書き手の人格や人柄を映し出す。平素の社会的関心や他人との協調性，趣味や読書傾向はどうであるかといった，受験者の日常における生き方，生活態度がみられる。

・字の上手・下手

できるだけ読みやすい字を書く努力をする。また，制限字数より文章が長くなって原稿用紙の上下や左右の空欄に書き足したりすることは避ける。消しゴムで消す場合にも，丁寧に。

いずれの場合でも，表面的な文章力を問うているのではなく，受験者の人柄のほうを重視している。

マナーチェックリスト

就活において企業の人事担当は，面接試験やOG／OB訪問，そして面接試験において，あなたのマナーや言葉遣いといった，「常識力」をチェックしている。現在の自分はどのくらい「常識力」が身についているかをチェックリストで振りかえり，何ができて，何ができていないかを明確にしたうえで，今後の取り組みに生かしていこう。

評価基準　5：大変良い　4：やや良い　3：どちらともいえない　2：やや悪い　1：悪い

	項　目	評　価	メ　モ
挨拶	明るい笑顔と声で挨拶をしているか		
	相手を見て挨拶をしているか		
	相手より先に挨拶をしているか		
	お辞儀を伴った挨拶をしているか		
	直接の応対者でなくても挨拶をしているか		
表情	笑顔で応対しているか		
	表情に私的感情がでていないか		
	話しかけやすい表情をしているか		
	相手の話は真剣な顔で聞いているか		
身だしなみ	前髪は目にかかっていないか		
	髪型は乱れていないか／長い髪はまとめているか		
	髭の剃り残しはないか／化粧は健康的か		
	服は汚れていないか／清潔に手入れされているか		
	機能的で職業・立場に相応しい服装をしているか		
	華美なアクセサリーはつけていないか		
	爪は伸びていないか		
	靴下の色は適当か／ストッキングの色は自然な肌色か		
	靴の手入れは行き届いているか		
	ポケットに物を詰めすぎていないか		

項　目		評　価	メ　モ
言葉遣い	専門用語を使わず，相手にわかる言葉で話しているか		
	状況や相手に相応しい敬語を正しく使っているか		
	相手の聞き取りやすい音量・速度で話しているか		
	語尾まで丁寧に話しているか		
	気になる言葉癖はないか		
動作	物の授受は両手で丁寧に実施しているか		
	案内・指し示し動作は適切か		
	キビキビとした動作を心がけているか		
心構え	勤務時間・指定時間の5分前には準備が完了しているか		
	心身ともに健康管理をしているか		
	仕事とプライベートの切替えができているか		

☑ 常に自己点検をするクセをつけよう

「人を表情やしぐさ，身だしなみなどの見かけで判断してはいけない」と一般にいわれている。確かに，人の個性は見かけだけではなく，内面においても見いだされるもの。しかし，私たちは人を第一印象である程度決めてしまう傾向がある。それが面接試験など初対面の場合であればなおさらだ。したがって，チェックリストにあるような挨拶，表情，身だしなみ等に注意して面接試験に臨むことはとても重要だ。ただ，これらは面接試験前にちょっと対策したからといって身につくようなものではない。付け焼き刃的な対策をして面接試験に臨んでも，面接官はあっという間に見抜いてしまう。日頃からチェックリストにあるような項目を意識しながら行動することが大事であり，そうすることで，最初はぎこちない挨拶や表情等も，その人の個性に応じたすばらしい所作へ変わっていくことができるのだ。さっそく，本日から実行してみよう。

面接試験において，印象を決定づける表情はとても大事。

どのようにすれば感じのいい表情ができるのか，ポイントを確認していこう。

明るく，温和で
柔らかな表情をつくろう

人間関係の潤滑油

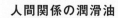

表情に関しては，まずは豊かである
ということがベースになってくる。う
れしい表情，困った表情，驚いた表
情など，さまざまな気持ちを表現で
きるということが，人間関係を潤いの
あるものにしていく。

Point

　表情はコミュニケーションの大前提。相手に「いつでも話しかけてくださ
いね」という無言の言葉を発しているのが，就活に求められる表情だ。面接
官が安心してコミュニケーションをとろうと思ってくれる表情。それが，明
るく，温和で柔らかな表情となる。

いますぐデキる
カンタンTraining

Training 01

喜怒哀楽を表してみよう

- ・人との出会いを楽しいと思うことが表情の基本
- ・表情を豊かにする大前提は相手の気持ちに寄り添うこと
- ・目元・口元だけでなく，眉の動きを意識することが大事

Training 02

表情筋のストレッチをしよう

- ・表情筋は「ウイスキー」の発音によって鍛える
- ・意識して毎日，取り組んでみよう
- ・笑顔の共有によって相手との距離が縮まっていく

コミュニケーションは挨拶から始まり，その挨拶ひとつで印象は変わるもの。
ポイントを確認していこう。

丁寧にしっかりと
はっきり挨拶をしよう

人間関係の第一歩

挨拶は心を開いて，相手に近づくコ
ミュニケーションの第一歩。たかが
挨拶，されど挨拶の重要性をわきま
えて，きちんとした挨拶をしよう。形，
つまり“技”も大事だが，心をこめ
ることが最も重要だ。

Point

　挨拶はコミュニケーションの第一歩。相手が挨拶するのを待っているの
は望ましくない。挨拶の際のポイントは丁寧であることと，はっきり声に出
すことの2つ。丁寧な挨拶は，相手を大事にして迎えている気持ちの表れ
となる。はっきり声に出すことで，これもきちんと相手を迎えていることが
伝わる。また，相手もその応答として挨拶してくれることで，会ってすぐに
双方向のコミュニケーションが成立する。

カンタンTraining

Training 01

３つのお辞儀をマスターしよう

① 会釈（15度）　　　　② 敬礼（30度）　　　　③ 最敬礼（45度）

・息を吸うことを意識してお辞儀をするとキレイな姿勢に
・目線は真下ではなく，床前方1.5m先ぐらいを見よう
・相手への敬意を忘れずに

Training 02

対面時は言葉が先，お辞儀が後

・相手に体を向けて先に自ら挨拶をする
・挨拶時，相手とアイコンタクトを
　しっかり取ろう
・挨拶の後に，お辞儀をする。
　これを「語先後礼」という

コミュニケーションは「話す」よりも「聞く」ことといわれる。相手が話しやすい聞き方の，ポイントを確認しよう。

受容の立場で
傾聴しよう

相手の話を受けとめる

話を聞くときは，やや前に傾く姿勢をとる。表情と姿勢が合わさることにより，話し手の心が開き「あれも，これも話そう」という気持ちになっていく。また，「はい」と一度のお辞儀で頷くと相手の話を受け止めているというメッセージにつながる。

Point

　話をすること，話を聞いてもらうことは誰にとってもプレッシャーを伴うもの。そのため，「何でも話して良いんですよ」「何でも話を聞きますよ」「心配しなくて良いんですよ」という気持ちで聞くことが大切になる。その気持ちが聞く姿勢に表れれば，相手は安心して話してくれる。

いますぐデキる
カンタン**Training**

Training **01**

頷きは一度で

- ・相手が話した後に「はい」と一言発する
- ・頷きすぎは逆効果

Training **02**

目線は自然に

- ・鼻の付け根あたりを見ると自然な印象に
- ・目を見つめすぎるのはNG

Training **03**

話の句読点で視線を移す

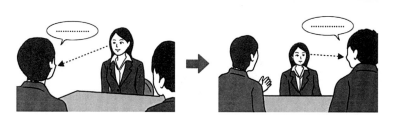

- ・視線は話している人を見ることが基本
- ・複数の人の話を聞くときは句読点を意識し，視線を振り分けることで聞く姿勢を表す

就職活動のはじめかた　**175**

自分の意思を相手に明確に伝えるためには，話し方が重要となる。はっきりと
的確に話すためのポイントを確認しよう。

明るい発声を
心がけよう

ボリュームを意識して

話すときのポイントとしては，ボリュームを意識する
ことが挙げられる。会議室の一番奥にいる人に声が
届くように意識することで，声のボリュームはコント
ロールされていく。

Point

　コミュニケーションとは「伝達」すること。どのようなことも，適当に伝
えるのではなく，伝えるべきことがきちんと相手に届くことが大切になる。
そのためには，はっきりと，分かりやすく，丁寧に，心を込めて話すこと。
言葉だけでなく，表情やジェスチャーを加えることも有効。

カンタン**Training**

Training **01**

腹式呼吸で発声練習

- ・「あえいうえおあお」と発声する
- ・腹式呼吸は，胸部をなるべく動かさずに，息を吸うときにお腹や腰が膨らむよう意識する呼吸法

Training **02**

早口言葉にチャレンジ

おあやや
母親に
お謝り

- ・「おあやや，母親に，お謝り」と早口で
- ・口がすぼまった「お」と口が開いた「あ」の発音に，変化をつけられるかがポイント

Training **03**

ジェスチャーを有効活用

- ・腰より上でジェスチャーをする
- ・体から離した位置に手をもっていく
- ・ジェスチャーをしたら戻すところをさだめておく

身だしなみはその人自身を表すもの。身だしなみの基本について，ポイントを確認しよう。

清潔感,さわやかさを
醸し出せるようにしよう

プロの企業人に
ふさわしい身だしなみを

信頼感，安心感をもたれる身だしなみを考えよう。TPOに合わせた服装は，すなわち"礼"を表している。そして，身だしなみには，「清潔感」，「品のよさ」，「控え目である」という，3つのポイントがある。

Point

相手との心理的な距離や物理的な距離が遠ければ，コミュニケーションは成立しにくくなる。見た目が不潔では誰も近付いてこない。身だしなみが清潔であること，爽やかであることは相手との距離を縮めることにも繋がる。

カンタンTraining

Training 01

髪型，服装を整えよう

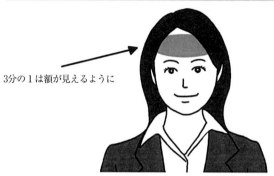

3分の1は額が見えるように

・男性も女性も眉が見える髪型が望ましい。3分の1は額が見えるように。額は知性と清潔感を伝える場所。男性の髪の長さは耳や襟にかからないように
・スーツで相手の前に立つときは，ボタンはすべて留める。男性の場合は下のボタンは外す

Training 02

おしゃれとの違いを明確に

・爪はできるだけ切りそろえる
・爪の中の汚れにも注意
・ジェルネイル，ネイルアートはNG

Training 03

足元にも気を配って

・女性の場合はパンプス，男性の場合は黒の紐靴が望ましい
・靴はこまめに汚れを落とし見栄えよく

姿勢にはその人の意欲が反映される。前向き，活動的な姿勢を表すにはどうしたらよいか，ポイントを確認しよう。

前向き,活動的な姿勢を維持しよう

一直線と左右対称

正しい立ち姿として，耳，肩，腰，くるぶしを結んだ線が一直線に並んでいることが最大のポイントになる。そのラインが直線に近づくほど立ち姿がキレイに整っていることになる。また，"左右対称"というのもキレイな姿勢の要素のひとつになる。

Point

　姿勢は，身体と心の状態を反映するもの。そのため，良い姿勢でいることは，印象が清々しいだけでなく，健康で元気そうに見え，話しかけやすさにも繋がる。歩く姿勢，立つ姿勢，座る姿勢など，どの場面にも心身の健康状態が表れるもの。日頃から心身の健康状態に気を配り，フィジカルとメンタル両面の自己管理を心がけよう。

いますぐデキる
カンタン**Training**

Training 01

キレイな歩き方を心がけよう

- ・女性は 1 本の線上を，男性はそれよりも太い線上を沿うように歩く
- ・一歩踏み出したときに前の足に体重を乗せるように，腰から動く
- ・12 時の方向につま先をもっていく

Training 02

前向きな気持ちを持とう

- ・常に前向きな気持ちが姿勢を正す
- ・ポジティブ思考を心がけよう

言葉遣いの正しさはとは，場面にあった言葉を遣うということ。相手を気づかいながら，言葉を選ぶことで，より正しい言葉に近づいていく。

相手と場面に合わせた ふさわしい言葉遣いを

次の文は接客の場面でよくある間違えやすい敬語です。
それぞれの言い方は○×どちらでしょうか。

問1 「資料をご拝読いただきありがとうございます」

問2 「こちらのパンフレットはもういただかれましたか？」

問3 「恐れ入りますが，こちらの用紙にご記入してください」

問4 「申し訳ございませんが，来週，休ませていただきます」

問5 「先ほどの件，帰りましたら上司にご報告いたしますので」

Point

　ビジネスのシーンに敬語は欠くことができない。何度もやり取りをしていく中で，親しさの度合いによっては，あえてくだけた表現を用いることもあるが，「親しき仲にも礼儀あり」と言われるように，敬意や心づかいをおろそかにしてはいけないもの。相手に誤解されたり，相手の気分を壊すことのないように，相手や場面にふさわしい言葉遣いが大切になる。

問1 （×） ○正しい言い換え例

→「ご覧いただきありがとうございます」など

「拝読」は自分が「読む」意味の謙譲語なので，相手の行為に使うのは誤り。読むと見るは同義なため，多く，見るの尊敬語「ご覧になる」が用いられる。

問2 （×） ○正しい言い換え例

→「お持ちですか」「お渡ししましたでしょうか」 など

「いただく」は，食べる・飲む・もらうの謙譲語。「もらったかどうか」と聞きたいのだから，「おもらいになりましたか」と言えないこともないが，持っているかどうか，受け取ったかどうかという意味で「お持ちですか」などが使われることが多い。また，自分側が渡すような場合は，「お渡しする」を使って「お渡ししましたでしょうか」などの言い方に換えることもできる。

問3 （×） ○正しい言い換え例

→「恐れ入りますが，こちらの用紙にご記入ください」など

「ご記入する」の「お（ご）〜する」は謙譲語の形。相手の行為を謙譲語で表すことになるため誤り。「して」を取り除いて「ご記入ください」か，和語に言い換えて「お書きください」とする。ほかにも「お書き／ご記入・いただけますでしょうか・願います」などの表現もある。

問4 （△）

有給休暇を取る場合や，弔事等で休むような場面で，用いられることも多い。「休ませていただく」ということで一見丁寧に響くが，「来週休むと自分で休みを決めている」という勝手な表現にも受け取られかねない言葉だ。ここは同じ「させていただく」を用いても，相手の都合をうかがう言い方に換えて「○○がございまして，申し訳ございませんが，休みをいただいてもよろしいでしょうか」などの言い換えが好ましい。

問5 （×）○正しい言い換え例

→「上司に報告いたします」

「ご報告いたします」は，ソトの人との会話で使うとするならば誤り。「ご報告いたします」の「お・ご〜いたす」は，「お・ご〜する」と「〜いたす」という2つの敬語を含む言葉。そのうちの「お・ご〜する」は，主語である自分を低めて相手＝上司を高める働きをもつ表現（謙譲語Ⅰ）。一方「〜いたす」は，主語の私を低めて，話の聞き手に対して丁重に述べる働きをもつ表現（謙譲語Ⅱ　丁重語）。「お・ご〜する」も「〜いたす」も同じ謙譲語であるため紛らわしいが，主語を低める（謙譲）という働きは同じでも，行為の相手を高める働きがあるかないかという点に違いがあるといえる。

敬語は正しく使用することで，相手の印象を大きく変えることができる。尊敬語，謙譲語の区別をはっきりつけて，誤った用法で話すことのないように気をつけよう。

言葉の使い方が
マナーを表す!

■よく使われる尊敬語の形　「言う・話す・説明する」の例

専用の尊敬語型	おっしゃる
～れる・～られる型	言われる・話される・説明される
お（ご）～になる型	お話しになる・ご説明になる
お（ご）～なさる型	お話しなさる・ご説明なさる

■よく使われる謙譲語の形　「言う・話す・説明する」の例

専用の謙譲語型	申す・申し上げる
お（ご）～する型	お話しする・ご説明する
お（ご）～いたす型	お話しいたします・ご説明いたします

Point

　同じ尊敬語・謙譲語でも，よく使われる代表的な形がある。ここではその一例をあげてみた。敬語の使い方に迷ったときなどは，まずはこの形を思い出すことで，大抵の語はこの型にはめ込むことができる。同じ言葉を用いたほうがよりわかりやすいといえるので，同義に使われる「言う・話す・説明する」を例に考えてみよう。

　ほかにも「お話しくださる」や「お話しいただく」「お元気でいらっしゃる」などの形もあるが，まずは表の中の形を見直そう。

なお，尊敬語の中の「言われる」などの「れる・られる」を付けた形は省力している。

基本	尊敬語（相手側）	謙譲語（自分側）
会う	お会いになる	お目にかかる・お会いする
言う	おっしゃる	申し上げる・申す
行く・来る	いらっしゃる おいでになる お見えになる お越しになる お出かけになる	伺う・参る お伺いする・参上する
いる	いらっしゃる・おいでになる	おる
思う	お思いになる	存じる
借りる	お借りになる	拝借する・お借りする
聞く	お聞きになる	拝聴する 拝聞する お伺いする・伺う お聞きする
知る	ご存じ（知っているという意で）	存じ上げる・存じる
する	なさる	いたす
食べる・飲む	召し上がる・お召し上がりになる お飲みになる	いただく・頂戴する
見る	ご覧になる	拝見する
読む	お読みになる	拝読する

「お伺いする」「お召し上がりになる」などは，「伺う」「召し上がる」自体が敬語なので
「二重敬語」ですが，慣習として定着しており間違いではないもの。

Point

　上記の「敬語表」は，よく使うと思われる動詞をそれぞれ尊敬語・謙譲語
で表したもの。このように大体の言葉は型にあてはめることができる。言
葉の中には「お（ご）」が付かないものもあるが，その場合でも「〜なさる」
を使って，「スピーチなさる」や「運営なさる」などと言うことができる。ま
た，表では，「言う」の尊敬語「言われる」の例は省いているが，れる・ら
れる型の「言われる」よりも「おっしゃる」「お話しになる」「お話しなさる」
などの言い方のほうが，より敬意も高く，言葉としても何となく響きが落ち
着くといった印象を受けるものとなる。

会話は相手があってのこと。いかなる場合でも，相手に対する心くばりを忘れないことが，会話をスムーズに進めるためのコツになる。

心くばりを添えるひと言で
言葉の印象が変わる!

　相手に何かを頼んだり，また相手の依頼を断ったり，相手の抗議に対して反論したりする場面では，いきなり自分の意見や用件を切り出すのではなく，場面に合わせて心くばりを伝えるひと言を添えてから本題に移ると，響きがやわらかくなり，こちらの意向も伝えやすくなる。俗にこれは「クッション言葉」と呼ばれている。(右表参照)

Point

　ビジネスの場面で，相手と話したり手紙やメールを送る際には，何か依頼事があってという場合が多いもの。その場合に「ちょっとお願いなんですが…」では，ふだんの会話と変わりがないものになってしまう。そこを「突然のお願いで恐れ入りますが」「急にご無理を申しまして」「こちらの勝手で恐縮に存じますが」「折り入ってお願いしたいことがございまして」などの一言を添えることで，直接的なきつい感じが和らぐだけでなく，「申し訳ないのだけれど，もしもそうしていただくことができればありがたい」という，相手への配慮や願いの気持ちがより強まる。このような前置きの言葉もうまく用いて，言葉に心くばりを添えよう。

相手の意向を尋ねる場合	「よろしければ」「お差し支えなければ」
	「ご都合がよろしければ」「もしお時間がありましたら」
	「もしお嫌いでなければ」「ご興味がおありでしたら」
相手に面倒を かけてしまうような場合	「お手数をおかけしますが」
	「ご面倒をおかけしますが」
	「お手を煩わせまして恐縮ですが」
	「お忙しい時に申し訳ございませんが」
	「お時間を割いていただき申し訳ありませんが」
	「貴重なお時間を頂戴し恐縮ですが」
自分の都合を 述べるような場合	「こちらの勝手で恐縮ですが」
	「こちらの都合（ばかり）で申し訳ないのですが」
	「私どもの都合ばかりを申しまして，まことに申し訳なく存じますが」
	「ご無理を申し上げまして恐縮ですが」
急な話をもちかけた場合	「突然のお願いで恐れ入りますが」
	「急にご無理を申しまして」
	「もっと早くにご相談申し上げるべきところでございましたが」
	「差し迫ってのことでまことに申し訳ございませんが」
何度もお願いする場合	「たびたびお手数をおかけしまして恐縮に存じますが」
	「重ね重ね恐縮に存じますが」
	「何度もお手を煩わせまして申し訳ございませんが」
	「ご面倒をおかけしてばかりで，まことに申し訳ございませんが」
難しいお願いをする場合	「ご無理を承知でお願いしたいのですが」
	「たいへん申し上げにくいのですが」
	「折り入ってお願いしたいことがございまして」
あまり親しくない相手に お願いする場合	「ぶしつけなお願いで恐縮ですが」
	「ぶしつけながら」
	「まことに厚かましいお願いでございますが」
相手の提案・誘いを断る場合	「申し訳ございませんが」
	「（まことに）残念ながら」
	「せっかくのご依頼ではございますが」
	「たいへん恐縮ですが」
	「身に余るお言葉ですが」
	「まことに失礼とは存じますが」
	「たいへん心苦しいのですが」
	「お引き受けしたいのはやまやまですが」
問い合わせの場合	「つかぬことをうかがいますが」
	「突然のお尋ねで恐縮ですが」

ここでは文章の書き方における，一般的な敬称について言及している。はがき，手紙，メール等，通信手段はさまざま。それぞれの特性をふまえて有効活用しよう。

相手の気持ちになって
見やすく美しく書こう

■敬称のいろいろ

敬称	使う場面	例
様	職名・役職のない個人	（例）飯田知子様／ご担当者様／経理部長　佐藤一夫様
殿	職名・組織名・役職のある個人（公用文など）	（例）人事部長殿／教育委員会殿／田中四郎殿
先生	職名・役職のない個人	（例）松井裕子先生
御中	企業・団体・官公庁などの組織	（例）○○株式会社御中
各位	複数あてに同一文書を出すとき	（例）お客様各位／会員各位

Point

　封筒・はがきの表書き・裏書きは縦書きが基本だが，洋封筒で親しい人にあてる場合は，横書きでも問題ない。いずれにせよ，定まった位置に，丁寧な文字でバランス良く，正確に記すことが大切。特に相手の住所や名前を乱雑な文字で書くのは，配達の際の間違いを引き起こすだけでなく，受け取る側に不快な思いをさせる。相手の気持ちになって，見やすく美しく書くよう心がけよう。

■各通信手段の長所と短所

	長所	短所	用途
封書	・封を開けなければ本人以外の目に触れることがない。 ・丁寧な印象を受ける。	・多量の資料・画像送付には不向き。 ・相手に届くまで時間がかかる。	・儀礼的な文書(礼状・わび状など) ・目上の人あての文書 ・重要な書類 ・他人に内容を読まれたくない文書
はがき・カード	・封書よりも気軽にやり取りできる。 ・年賀状や季節の便り,旅先からの連絡など絵はがきとしても楽しむことができる。	・封に入っていないため,第三者の目に触れることがある。 ・中身が見えるので,改まった礼状やわび状,こみ入った内容には不向き。 ・相手に届くまで時間がかかる。	・通知状 　・案内状 ・送り状 　・旅先からの便り ・各種お祝い 　・お礼 ・季節の挨拶
FAX	・手書きの図やイラストを文章といっしょに送れる。 ・すぐに届く。 ・控えが手元に残る。	・多量の資料の送付には不向き。 ・事務的な用途で使われることが多く,改まった内容の文書,初対面の人へは不向き。	・地図,イラストの入った文書 ・印刷物（本・雑誌など）
電話	・急ぎの連絡に便利。 ・相手の反応をすぐに確認できる。 ・直接声が聞けるので,安心感がある。	・連絡できる時間帯が制限される。 ・長々としたこみ入った内容は伝えづらい。	・緊急の用件 ・確実に用件を伝えたいとき
メール	・瞬時に届く。 　・控えが残る。 ・コストが安い。 ・大容量の資料や画像をデータで送ることができる。 ・一度に大勢の人に送ることができる。 ・相手の居場所や状況を気にせず送れる。	・事務的な印象を与えるので,改まった礼状やわび状には不向き。 ・パソコンや携帯電話を持っていない人には送れない。 ・ウィルスなどへの対応が必要。	・データで送りたいとき ・ビジネス上の連絡

Point

　はがきは手軽で便利だが,おわびやお願い,格式を重んじる手紙には不向きとなる。この種の手紙は内容もこみ入ったものとなり,加えて丁寧な文章で書かなければならないので,数行で済むことはまず考えられない。また,封筒に入っていないため,他人の目に触れるという難点もある。このように,はがきにも長所と短所があるため,使う場面や相手によって,他の通信手段と使い分けることが必要となる。

　はがき以外にも,封書・電話・FAX・メールなど,現代ではさまざまな通信手段がある。上に示したように,それぞれ長所と短所があるので,特徴を知って用途によって上手に使い分けよう。

社会人のマナーとして，電話応対のスキルは必要不可欠。まずは失礼なく電話に出ることからはじめよう。積極性が重要だ。

相手の顔が見えない分 対応には細心の注意を

■電話をかける場合

① ○○先生に電話をする

× 「私，□□社の××と言いますが，○○様はおられますでしょうか？」

○ 「**××と申しますが，○○様はいらっしゃいますか？**」

「おられますか」は「おる」を謙譲語として使うため，通常は相手がいるかどうかに関しては，「いらっしゃる」を使うのが一般的。

② 相手の状況を確かめる

× 「こんにちは，××です，先日のですね…」

○ 「**××です，先日は有り難うございました，今お時間よろしいでしょうか？**」

相手が忙しくないかどうか，状況を聞いてから話を始めるのがマナー。また，やむを得ず夜間や早朝，休日などに電話をかける際は，「夜分（朝早く）に申し訳ございません」「お休みのところ恐れ入ります」などのお詫びの言葉もひと言添えて話す。

③ 相手が不在，何時ごろ戻るかを聞く場合

× 「戻りは何時ごろですか？」

○ 「**何時ごろお戻りになりますでしょうか？**」

「戻り」はそのままの言い方，相手にはきちんと尊敬語を使う。

④ また自分からかけることを伝える

× 「そうですか，ではまたかけますので」

○ 「**それではまた後ほど（改めて）お電話させていただきます**」

戻る時間がわかる場合は，「またお戻りになりましたころにでも」「また午後にでも」などの表現もできる。

① 電話を取ったら

× 「はい，もしもし，○○（社名）ですが」
○ 「はい，○○（社名）でございます」

② 相手の名前を聞いて

× 「どうも，どうも」
○ 「いつもお世話になっております」

あいさつ言葉として定着している決まり文句ではあるが，日頃のお付き合いがあってこそ。あいさつ言葉もきちんと述べよう。「お世話様」という言葉も時折耳にするが，敬意が軽い言い方となる。適切な言葉を使い分けよう。

③ 相手が名乗らない

× 「どなたですか？」「どちらさまですか？」
○ 「失礼ですが，お名前をうかがってもよろしいでしょうか？」

名乗るのが基本だが，尋ねる態度も失礼にならないように適切な応対を心がけよう。

④ 電話番号や住所を教えてほしいと言われた場合

× 「はい，いいでしょうか？」　× 「メモのご用意は？」
○ 「はい，申し上げます，よろしいでしょうか？」

「メモのご用意は？」は，一見親切なようにも聞こえるが，尋ねる相手も用意していることがほとんど。押し付けがましくならない程度に。

⑤ 上司への取次を頼まれた場合

× 「はい，今代わります」　× 「○○部長ですね，お待ちください」
○ 「部長の○○でございますね，ただいま代わりますので，少々お待ちくださいませ」

○○部長という表現は，相手側の言い方となる。自分側を述べる場合は，「部長の○○」「○○」が適切。

Point

自分から電話をかける場合は，まずは自分の会社名や氏名を名乗るのがマナー。たとえ目的の相手が直接出た場合でも，電話では相手の様子が見えないことがほとんど。自分の勝手な判断で話し始めるのではなく，相手の都合を伺い，そのうえで話を始めるのが社会人として必要な気配りとなる。

時候の挨拶

月	漢語調の表現 候，みぎりなどを付けて用いられます	口語調の表現
1月 （睦月）	初春・新春　頌春・ 小寒・大寒・厳寒	皆様におかれましては，よき初春をお迎えのことと存じます／厳しい寒さが続いております／珍しく暖かな寒の入りとなりました／大寒という言葉通りの厳しい寒さでございます
2月 （如月）	春寒・余寒・残寒・ 立春・梅花・向春	立春とは名ばかりの寒さ厳しい毎日でございます／梅の花もちらほらとふくらみ始め，春の訪れを感じる今日この頃です／春の訪れが待ち遠しいこのごろでございます
3月 （弥生）	早春・浅春・春寒・ 春分・春暖	寒さもようやくゆるみ，日ましに春めいてまいりました／ひと雨ごとに春めいてまいりました／日増しに暖かさが加わってまいりました
4月 （卯月）	春暖・陽春・桜花・ 桜花爛漫	桜花爛漫の季節を迎えました／春光うららかな好季節となりました／花冷えとでも申しましょうか，何だか肌寒い日が続いております
5月 （皐月）	新緑・薫風・惜春・ 晩春・立夏・若葉	風薫るさわやかな季節を迎えました／木々の緑が目にまぶしいようでございます／目に青葉，山ほととぎす，初鰹の句も思い出される季節となりました
6月 （水無月）	梅雨・向暑・初夏・ 薄暑・麦秋	初夏の風もさわやかな毎日でございます／梅雨前線が近づいてまいりました／梅雨の晴れ間にのぞく青空は，まさに夏を思わせるようです
7月 （文月）	盛夏・大暑・炎暑・ 酷暑・猛暑	梅雨が明けたとたん，うだるような暑さが続いております／長い梅雨も明け，いよいよ本格的な夏がやってまいりました／風鈴の音がわずかに涼を運んでくれているようです
8月 （葉月）	残暑・晩夏・処暑・ 秋暑	立秋とはほんとうに名ばかりの厳しい暑さの毎日です／残暑たえがたい毎日でございます／朝夕はいくらかしのぎやすくなってまいりました
9月 （長月）	初秋・新秋・爽秋・ 新涼・清涼	九月に入りましてもなお，日差しの強い毎日です／暑さもやっとおとろえはじめたようでございます／残暑も去り，ずいぶんとしのぎやすくなってまいりました
10月 （神無月）	清秋・錦秋・秋涼・ 秋冷・寒露	秋風もさわやかな過ごしやすい季節となりました／街路樹の葉も日ごとに色を増しております／紅葉の便りの聞かれるころとなりました／秋深く，日増しに冷気も加わってまいりました
11月 （霜月）	晩秋・暮秋・霜降・ 初霜・向寒	立冬を迎え，まさに冬到来を感じる寒さです／木枯らしの季節になりました／日ごとに冷気が増すようでございます／朝夕はひときわ冷え込むようになりました
12月 （師走）	寒冷・初冬・師走・ 歳晩	師走を迎え，何かと慌ただしい日々をお過ごしのことと存じます／年の瀬も押しつまり，何かとお忙しくお過ごしのことと存じます／今年も残すところわずかとなりました，お忙しい毎日とお察しいたします

いますぐデキる
シチュエーション別会話例

シチュエーション1　　取引先との会話

「非常に素晴らしいお話で感心しました」→NG！

「感心する」は相手の立派な行為や，優れた技量などに心を動かされるという意味。意味としては間違いではないが，目上の人に用いると，偉そうに聞こえかねない表現。「感動しました」などに言い換えるほうが好ましい。

シチュエーション2　　子どもとの会話

「お母さんは，明日はいますか？」→NG！

たとえ子どもとの会話でも，子どもの年齢によっては，ある程度の敬語を使うほうが好ましい。「明日はいらっしゃいますか」では，むずかしすぎると感じるならば，「お出かけですか」などと表現することもできる。

シチュエーション3　　同僚との会話

「今，お暇ですか」→NG？

同じ立場同士なので，暇に「お」が付いた形で「お暇」ぐらいでも構わないともいえるが，「暇」というのは，するべきことも何もない時間という意味。そのため「お暇ですか」では，あまりにも直接的になってしまう。その意味では「手が空いている」→「空いていらっしゃる」→「お手透き」などに言い換えることで，やわらかく敬意も含んだ表現になる。

シチュエーション4　　上司との会話

「なるほどですね」→NG！

「なるほど」とは，相手の言葉を受けて，自分も同意見であることを表すため，相手の言葉・意見を自分が評価するというニュアンスも含まれている。そのため自分が評価して述べているという偉そうな表現にもなりかねない。同じ同意ならば，頷き「おっしゃる通りです」などの言葉のほうが誤解なく伝わる。

就活スケジュールシート

■年間スケジュールシート

1月	2月	3月	4月	5月	6月
企業関連スケジュール					
自己の行動計画					

就職活動をすすめるうえで，当然重要になってくるのは，自己のスケジュール管理だ。企業の選考スケジュールを把握することも大切だが，自分のペースで進めることになる自己分析や業界・企業研究，面接試験のトレーニング等の計画を立てることも忘れてはいけない。スケジュールシートに「記入」する作業を通して，短期・長期の両方の面から就職試験を考えるきっかけにしよう。

7月	8月	9月	10月	11月	12月
企業関連スケジュール					
自己の行動計画					

第**4**章

SPI対策

ほとんどの企業では，基本的な資質や能力を見極めるため適性検査を実施しており，現在最も使われているのがリクルートが開発した「SPI」である。

テストの内容は，「言語能力」「非言語能力」「性格」の3つに分かれている。その人がどんな人物で，どんな仕事で力を発揮しやすいのか，また，どんな組織になじみやすいかなどを把握するために行われる。

この章では，SPIの「言語能力」及び「非言語能力」の分野で，頻出内容を絞って，演習問題を構成している。演習問題に複数回チャレンジし，解説をしっかりと熟読して，学習効果を高めよう。

SPI 対策

●SPIとは

　SPIは，Synthetic Personality Inventoryの略称で，株式会社リクルートが開発・販売を行っている就職採用向けのテストである。昭和49年から提供が始まり，平成14年と平成25年の2回改訂が行われ，現在はSPI3が最新になる。

　SPIは，応募者の仕事に対する適性，職業の適性能力，興味や関心を見極めるのに適しており，現在の就職採用テストでは主流となっている。

　SPIは，「知的能力検査」と「性格検査」の2領域にわけて測定され，知的能力検査は「言語能力検査（国語）」と「非言語能力検査（数学）」に分かれている。オプション検査として，「英語（ENG）検査」を実施することもある。性格適性検査では，性格を細かく分析するために，非常に多くの質問が出される。SPIの性格適性検査では，正式な回答はなく，全ての質問に正直に答えることが重要である。

　本章では，その中から，「言語能力検査」と「非言語能力検査」に絞って収録している。

●SPIを利用する企業の目的

①：志望者から人数を絞る

　一部上場企業にもなると，数万単位の希望者が応募してくる。基本的な資質能力や会社への適性能力を見極めるため，SPIを使って，人数の絞り込みを行う。

②：知的能力を見極める

　SPIは，応募者1人1人の基本的な知的能力を比較することができ，それによって，受検者の相対的な知的能力を見極めることが可能になる。

③：性格をチェックする

　その職種に対する適性があるが，300程度の簡単な質問によって発想力やパーソナリティを見ていく。性格検査なので，正解というものはなく，正直に回答していくことが重要である。

●SPIの受検形式

SPIは，企業の会社説明会や会場で実施される「ペーパーテスト形式」と，パソコンを使った「テストセンター形式」とがある。

近年，ペーパーテスト形式は減少しており，ほとんどの企業が，パソコンを使ったテストセンター形式を採用している。志望する企業がどのようなテストを採用しているか，早めに確認し，対策を立てておくこと。

●SPIの出題形式

SPIは，言語分野，非言語分野，英語（ENG），性格適性検査に出題形式が分かれている。

科目	出題範囲・内容
言語分野	二語の関係，語句の意味，語句の用法，文の並び換え，空欄補充，熟語の成り立ち，文節の並び換え，長文読解 等
非言語分野	推論，場合の数，確率，集合，損益算，速度算，表の読み取り，資料の読み取り，長文読み取り 等
英語（ENG）	同意語，反意語，空欄補充，英英辞書，誤文訂正，和文英訳，長文読解 等
性格適性検査	質問：300問程度　時間：約35分

●受検対策

本章では，出題が予想される問題を厳選して収録している。問題と解答だけではなく，詳細な解説も収録しているので，分からないところは複数回問題を解いてみよう。

言語分野

二語関係

同音異義語

●あいせき
哀惜　死を悲しみ惜しむこと
愛惜　惜しみ大切にすること

●いぎ
意義　意味・内容・価値
異議　他人と違う意見
威儀　いかめしい挙動
異義　異なった意味

●いし
意志　何かをする積極的な気持ち
意思　しようとする思い・考え

●いどう
異同　異なり・違い・差
移動　場所を移ること
異動　地位・勤務の変更

●かいこ
懐古　昔を懐かしく思うこと
回顧　過去を振り返ること
解雇　仕事を辞めさせること

●かいてい
改訂　内容を改め直すこと
改定　改めて定めること

●かんしん
関心　気にかかること
感心　心に強く感じること
歓心　嬉しいと思う心

寒心　肝を冷やすこと

●きてい
規定　規則・定め
規程　官公庁などの規則

●けんとう
見当　だいたいの推測・判断・
　　　めあて
検討　調べ究めること

●こうてい
工程　作業の順序
行程　距離・みちのり

●じき
直　　すぐに
時期　時・折り・季節
時季　季節・時節
時機　適切な機会

●しゅし
趣旨　趣意・理由・目的
主旨　中心的な意味

●たいけい
体型　人の体格
体形　人や動物の形態
体系　ある原理に基づき個々のも
　　　のを統一したもの
大系　系統立ててまとめた叢書

●たいしょう

対象　行為や活動が向けられる相手

対称　対応する位置にあること

対照　他のものと照らし合わせること

●たんせい

端正　人の行状が正しくきちんとしているさま

端整　人の容姿が整っているさま

●はんざつ

繁雑　ごたごたと込み入ること

煩雑　煩わしく込み入ること

●ほしょう

保障　保護して守ること

保証　確かだと請け合うこと

補償　損害を補い償うこと

●むち

無知　知識・学問がないこと

無恥　恥を知らないこと

●ようけん

要件　必要なこと

用件　なすべき仕事

同訓漢字

●あう

合う…好みに合う。答えが合う。

会う…客人と会う。立ち会う。

遭う…事故に遭う。盗難に遭う。

●あげる

上げる…プレゼントを上げる。効果を上げる。

挙げる…手を挙げる。全力を挙げる。

揚げる…凧を揚げる。てんぷらを揚げる。

●あつい

暑い…夏は暑い。暑い部屋。

熱い…熱いお湯。熱い視線を送る。

厚い…厚い紙。面の皮が厚い。

篤い…志の篤い人。篤い信仰。

●うつす

写す…写真を写す。文章を写す。

映す…映画をスクリーンに映す。鏡に姿を映す。

●おかす

冒す…危険を冒す。病に冒された人。

犯す…犯罪を犯す。法律を犯す。

侵す…領空を侵す。プライバシーを侵す。

●おさめる

治める…領地を治める。水を治める。

収める…利益を収める。争いを収める。

修める…学問を修める。身を修める。

納める…税金を納める。品物を納める。

●かえる

変える…世界を変える。性格を変える。

代える…役割を代える。背に腹は代えられぬ。

替える…円をドルに替える。服を
　　替える。

●きく

聞く…うわさ話を聞く。明日の天
　　気を聞く。

聴く…音楽を聴く。講義を聴く。

●しめる

閉める…門を閉める。ドアを閉め
　　る。

締める…ネクタイを締める。気を
　　引き締める。

絞める…首を絞める。絞め技をか
　　ける。

●すすめる

進める…足を進める。話を進める。

勧める…縁談を勧める。加入を勧
　　める。

薦める…生徒会長に薦める。

●つく

付く…傷が付いた眼鏡。気が付く。

着く…待ち合わせ場所の公園に着
　　く。地に足が着く。

就く…仕事に就く。外野の守備に
　　就く。

●つとめる

務める…日本代表を務める。主役
　　を務める。

努める…問題解決に努める。療養
　　に努める。

勤める…大学に勤める。会社に勤
　　める。

●のぞむ

望む…自分の望んだ夢を追いかけ
　　る。

臨む…記者会見に臨む。決勝に臨
　　む。

●はかる

計る…時間を計る。将来を計る。

測る…飛行距離を測る。水深を測
　　る。

●みる

見る…月を見る。ライオンを見る。

診る…患者を診る。脈を診る。

演習問題

1　カタカナで記した部分の漢字として適切なものはどれか。

1　手続きがハンザツだ　　　　　【汎雑】
2　誤りをカンカすることはできない　【観過】
3　ゲキヤクなので取扱いに注意する　【激薬】
4　クジュウに満ちた選択だった　【苦重】
5　キセイの基準に従う　　　　　【既成】

2 下線部の漢字として適切なものはどれか。

家で飼っている熱帯魚を<u>かんしょう</u>する。

1 干渉
2 観賞
3 感傷
4 勧奨
5 鑑賞

3 下線部の漢字として適切なものはどれか。

彼に責任を<u>ついきゅう</u>する。

1 追窮
2 追究
3 追給
4 追求
5 追及

4 下線部の語句について，両方とも正しい表記をしているものはどれか。

1 私と母とは<u>相生</u>がいい。　・この歌を<u>愛唱</u>している。
2 それは<u>規成</u>の事実である。　・<u>既製品</u>を買ってくる。
3 <u>同音異義語</u>を見つける。　・会議で<u>意議</u>を申し立てる。
4 選挙の<u>大勢</u>が決まる。　・作曲家として<u>大成</u>する。
5 <u>無常</u>の喜びを味わう。　・<u>無情</u>にも雨が降る。

5 下線部の漢字として適切なものはどれか。

彼の体調は<u>かいほう</u>に向かっている。

1 介抱
2 快方
3 解放
4 回報
5 開放

1 5

解説　1「煩雑」が正しい。「汎」は「汎用(はんよう)」などと使う。2「看過」が正しい。「観」は「観光」や「観察」などと使う。　3「劇薬」が正しい。「少量の使用であってもはげしい作用のするもの」という意味であるが「激」を使わないことに注意する。　4「苦渋」が正しい。苦しみ悩むという意味で、「苦悩」と同意であると考えてよい。　5「既成概念」などと使う場合もある。同音で「既製」という言葉があるが、これは「既製服」や「既製品」という言葉で用いる。

2 2

解説　同音異義語や同訓異字の問題は、その漢字を知っているだけでは対処できない。「植物や魚などの美しいものを見て楽しむ」場合は「観賞」を用いる。なお、「芸術作品」に関する場合は「鑑賞」を用いる。

3 5

解説　「ついきゅう」は、特に「追究」「追求」「追及」が頻出である。「追究」は「あることについて徹底的に明らかにしようとすること」、「追求」は「あるものを手に入れようとすること」、「追及」は「後から厳しく調べること」という意味である。ここでは、「責任」という言葉の後にあるので、「厳しく」という意味が含まれている「追及」が適切である。

4 4

解説　1の「相生」は「相性」、2の「規成」は「既成」、3の「意議」は「異議」、5の「無常」は「無上」が正しい。

5 2

解説　「快方」は「よい方向に向かっている」という意味である。なお、1は病気の人の世話をすること、3は束縛を解いて自由にすること、4は複数人で回し読む文書、5は出入り自由として開け放つ、の意味。

四字熟語

□曖昧模糊　あいまいもこ―はっきりしないこと。

□阿鼻叫喚　あびきょうかん―苦しみに耐えられないで泣き叫ぶこと。は
　　　　　　なはだしい惨状を形容する語。

□暗中模索　あんちゅうもさく―暗闇で手さぐりでものを探すこと。様子
　　　　　　がつかめずどうすればよいかわからないままやってみるこ
　　　　　　と。

□以心伝心　いしんでんしん―無言のうちに心から心に意思が通じ合うこ
　　　　　　と。

□一言居士　いちげんこじ―何事についても自分の意見を言わなければ気
　　　　　　のすまない人。

□一期一会　いちごいちえ―一生のうち一度だけの機会。

□一日千秋　いちじつせんしゅう―一日会わなければ千年も会わないよう
　　　　　　に感じられることから，一日が非常に長く感じられること。

□一念発起　いちねんほっき―決心して信仰の道に入ること。転じてある
　　　　　　事を成就させるために決心すること。

□一網打尽　いちもうだじん―一網打つだけで多くの魚を捕らえることか
　　　　　　ら，一度に全部捕らえること。

□一攫千金　いっかくせんきん―一時にたやすく莫大な利益を得ること。

□一挙両得　いっきょりょうとく―一つの行動で二つの利益を得ること。

□意馬心猿　いばしんえん―馬が走り，猿が騒ぐのを抑制できないことに
　　　　　　たとえ，煩悩や欲望の抑えられないさま。

□意味深長　いみしんちょう―意味が深く含蓄のあること。

□因果応報　いんがおうほう―よい行いにはよい報いが，悪い行いには悪
　　　　　　い報いがあり，因と果とは相応じるものであるということ。

□慇懃無礼　いんぎんぶれい―うわべはあくまでも丁寧だが，実は尊大で
　　　　　　あること。

□有為転変　ういてんぺん―世の中の物事の移りやすくはかない様子のこ
　　　　　　と。

□右往左往　うおうさおう―多くの人が秩序もなく動き，あっちへ行った
　　　　　　りこっちへ来たり，混乱すること。

- □右顧左眄 うこさべん─右を見たり，左を見たり，周囲の様子ばかりうかがっていて決断しないこと。
- □有象無象 うぞうむぞう─世の中の無形有形の一切のもの。たくさん集まったつまらない人々。
- □海千山千 うみせんやません─経験を積み，その世界の裏まで知り抜いている老獪な人。
- □紆余曲折 うよきょくせつ─まがりくねっていること。事情が込み入って，状況がいろいろ変化すること。
- □雲散霧消 うんさんむしょう─雲や霧が消えるように，あとかたもなく消えること。
- □栄枯盛衰 えいこせいすい─草木が繁り，枯れていくように，盛んになったり衰えたりすること。世の中の浮き沈みのこと。
- □栄耀栄華 えいようえいが─権力や富貴をきわめ，おごりたかぶること。
- □会者定離 えしゃじょうり─会う者は必ず離れる運命をもつということ。人生の無常を説いたことば。
- □岡目八目 おかめはちもく─局外に立ち，第三者の立場で物事を観察すると，その是非や損失がよくわかるということ。
- □温故知新 おんこちしん─古い事柄を究め新しい知識や見解を得ること。
- □臥薪嘗胆 がしんしょうたん─たきぎの中に寝，きもをなめる意で，目的を達成するために苦心，苦労を重ねること。
- □花鳥風月 かちょうふうげつ─自然界の美しい風景，風雅のこころ。
- □我田引水 がでんいんすい─自分の利益となるように発言したり行動したりすること。
- □画竜点睛 がりょうてんせい─竜を描いて最後にひとみを描き加えたところ，天に上ったという故事から，物事を完成させるために最後に付け加える大切な仕上げ。
- □夏炉冬扇 かろとうせん─夏の火鉢，冬の扇のようにその場に必要のない事物。
- □危急存亡 ききゅうそんぼう─危機が迫ってこのまま生き残れるか滅びるかの瀬戸際。
- □疑心暗鬼 ぎしんあんき─心の疑いが妄想を引き起こして実際にはいない鬼の姿が見えるようになることから，疑心が起こると何で

もないことまで恐ろしくなること。

□玉石混交　ぎょくせきこんこう―すぐれたものとそうでないものが入り
　　　　　　混じっていること。

□荒唐無稽　こうとうむけい―言葉や考えによりどころがなく，とりとめ
　　　　　　もないこと。

□五里霧中　ごりむちゅう―迷って考えの定まらないこと。

□針小棒大　しんしょうぼうだい―物事を大袈裟にいうこと。

□大同小異　だいどうしょうい―細部は異なっているが総体的には同じで
　　　　　　あること。

□馬耳東風　ばじとうふう―人の意見や批評を全く気にかけず聞き流すこ
　　　　　　と。

□波瀾万丈　はらんばんじょう―さまざまな事件が次々と起き，変化に富
　　　　　　むこと。

□付和雷同　ふわらいどう――定の見識がなくただ人の説にわけもなく賛
　　　　　　同すること。

□粉骨砕身　ふんこつさいしん―力の限り努力すること。

□羊頭狗肉　ようとうくにく―外見は立派だが内容がともなわないこと。

□竜頭蛇尾　りゅうとうだび―初めは勢いがさかんだが最後はふるわない
　　　　　　こと。

□臨機応変　りんきおうへん―時と場所に応じて適当な処置をとること。

演習問題

1 「海千山千」の意味として適切なものはどれか。
　1　様々な経験を積み，世間の表裏を知り尽くしてずる賢いこと
　2　今までに例がなく，これからもあり得ないような非常に珍しいこと
　3　人をだまし丸め込む手段や技巧のこと
　4　一人で千人の敵を相手にできるほど強いこと
　5　広くて果てしないこと

2 四字熟語として適切なものはどれか。
  1 竜頭堕尾
  2 沈思黙考
  3 孟母断危
  4 理路正然
  5 猪突猛伸

3 四字熟語の漢字の使い方がすべて正しいものはどれか。
  1 純真無垢　　青天白日　　疑心暗鬼
  2 短刀直入　　自我自賛　　危機一髪
  3 厚顔無知　　思考錯誤　　言語同断
  4 異句同音　　一鳥一石　　好機当来
  5 意味深長　　興味深々　　五里霧中

4 「一蓮托生」の意味として適切なものはどれか。
  1 一味の者を一度で全部つかまえること。
  2 物事が順調に進行すること。
  3 ほかの事に注意をそらさず，一つの事に心を集中させているさま。
  4 善くても悪くても行動・運命をともにすること。
  5 妥当なものはない。

5 故事成語の意味で適切なものはどれか。
  「塞翁(さいおう)が馬」
  1 たいして差がない
  2 幸不幸は予測できない
  3 肝心なものが欠けている
  4 実行してみれば意外と簡単
  5 努力がすべてむだに終わる

[1] 1

解説 2は「空前絶後」，3は「手練手管」，4は「一騎当千」，5は「広大無辺」である。

[2] 2

解説 2の沈思黙考は，「思いにしずむこと。深く考えこむこと。」の意味である。なお，1は竜頭蛇尾(始めは勢いが盛んでも，終わりにはふるわないこと)，3は孟母断機(孟子の母が織りかけの織布を断って，学問を中途でやめれば，この断機と同じであると戒めた譬え)，4は理路整然(話や議論の筋道が整っていること)，5は猪突猛進(いのししのように向こう見ずに一直線に進むこと)が正しい。

[3] 1

解説 2は「単刀直入」「自画自賛」，3は「厚顔無恥」「試行錯誤」「言語道断」，4は「異口同音」「一朝一夕」「好機到来」，5は「興味津々」が正しい。四字熟語の意味を理解する際，どのような字で書かれているかを意識するとよい。

[4] 4

解説 「一蓮托生」は，よい行いをした者は天国に行き，同じ蓮の花の上に生まれ変わるという仏教の教えから，「(ことの善悪にかかわらず)仲間として行動や運命をともにすること」をいう。

[5] 2

解説 「塞翁が馬」は「人間万事塞翁が馬」と表す場合もある。1は「五十歩百歩」，3は「画竜点睛に欠く」，4は「案ずるより産むが易し」，5は「水泡に帰する」の故事成語の意味である。

文法

I 品詞の種類

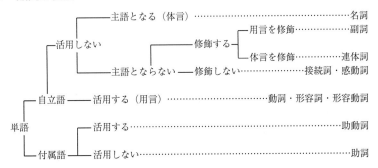

II 動詞の活用形

活用	基本	語幹	未然	連用	終止	連体	仮定	命令
五段	読む	読	ま も	み	む	む	め	め
上一段	見る	見	み	み	みる	みる	みれ	みよ
下一段	捨てる	捨	て	て	てる	てる	てれ	てよ てろ
カ変	来る	来	こ	き	くる	くる	くれ	こい
サ変	する	す	さ し せ	し	する	する	すれ	せよ しろ
	主な接続語		ナイ ウ・ヨウ	マス テ・タ	言い切る	コト トキ	バ	命令

III 形容詞の活用形

基本	語幹	未然	連用	終止	連体	仮定	命令
美しい	うつくし	かろ	かっ く	い	い	けれ	○
主な用法		ウ	ナルタ タ	言い切る	体言	バ	

IV 形容動詞の活用形

基本	語幹	未然	連用	終止	連体	仮定	命令
静かだ	静か	だろ	だっ で に	だ	な	なら	○
主な用法		ウ	タ アル ナル	言い切る	体言	バ	

Ⅴ 文の成分

主語・述語の関係………花が ― 咲いた。
修飾・被修飾の関係……きれいな ― 花。
接続の関係………………花が咲いた<u>ので</u>，花見をした。
並立の関係………………<u>赤い花</u>と<u>白い花</u>。
補助の関係………………花が<u>咲いている</u>。（二文節で述語となっている）

〈副詞〉自立語で活用せず，単独で文節を作り，多く連用修飾語を作る。

状態を表すもの…………ついに・さっそく・しばらく・ぴったり・すっかり
程度を表すもの…………もっと・すこし・ずいぶん・ちょっと・ずっと
陳述の副詞………………決して〜ない・なぜ〜か・たぶん〜だろう・もし〜ば

〈助動詞〉付属語で活用し，主として用言や他の助動詞について意味を添える。

① 使役……せる・させる（学校に行か<u>せる</u>　服を着<u>させる</u>）
② 受身……れる・られる（先生に怒<u>られる</u>　人に見<u>られる</u>）
③ 可能……れる・られる（歩いて行か<u>れる</u>距離　まだ着<u>られる</u>服）
④ 自発……れる・られる（ふと思い出<u>される</u>　容態が案じ<u>られる</u>）
⑤ 尊敬……れる・られる（先生が話<u>される</u>　先生が来<u>られる</u>）
⑥ 過去・完了……た（話を聞い<u>た</u>　公園で遊ん<u>だ</u>）
⑦ 打消……ない・ぬ（僕は知ら<u>ない</u>　知ら<u>ぬ</u>存ぜ<u>ぬ</u>）
⑧ 推量……だろう・そうだ（晴れる<u>だろう</u>　晴れ<u>そうだ</u>）
⑨ 意志……う・よう（旅行に行こ<u>う</u>　彼女に告白し<u>よう</u>）
⑩ 様態……そうだ（雨が降り<u>そうだ</u>）
⑪ 希望……たい・たがる（いっぱい遊び<u>たい</u>　おもちゃを欲し<u>がる</u>）
⑫ 断定……だ（悪いのは相手の方<u>だ</u>）
⑬ 伝聞……そうだ（試験に合格した<u>そうだ</u>）
⑭ 推定……らしい（明日は雨<u>らしい</u>）
⑮ 丁寧……です・ます（それはわたし<u>です</u>　ここにあり<u>ます</u>）
⑯ 打消推量・打消意志……まい（そんなことはある<u>まい</u>　けっして言う<u>まい</u>）

〈助詞〉付属語で活用せず，ある語について，その語と他の語との関係を補助したり，意味を添えたりする。

① 格助詞……主として体言に付き，その語と他の語の関係を示す。

→が・の・を・に・へ・と・から・より・で・や

② 副助詞……いろいろな語に付いて，意味を添える。

→は・も・か・こそ・さえ・でも・しか・まで・ばかり・だけ・など

③ 接続助詞……用言・活用語に付いて，上と下の文節を続ける。

→ば・けれども・が・のに・ので・ても・から・たり・ながら

④ 終助詞……文末（もしくは文節の切れ目）に付いて意味を添える。

→なあ（感動）・よ（念押し）・な（禁止）・か（疑問）・ね（念押し）

演習問題

1 次のア～オのうち，下線部の表現が適切でないものはどれか。

1　彼はいつもまわりに愛嬌をふりまいて，場を和やかにしてくれる。

2　的を射た説明によって，よく理解することができた。

3　舌先三寸で人をまるめこむのではなく，誠実に説明する。

4　この重要な役目は，彼女に白羽の矢が当てられた。

5　二の舞を演じないように，失敗から学ばなくてはならない。

2 次の文について，言葉の用法として適切なものはどれか。

1　矢折れ刀尽きるまで戦う。

2　ヘルプデスクに電話したが「分かりません」と繰り返すだけで取り付く暇もなかった。

3　彼の言動は肝に据えかねる。

4　彼は証拠にもなく何度も賭け事に手を出した。

5　適切なものはない。

3 下線部の言葉の用法として適切なものはどれか。

1　彼はのべつ暇なく働いている。

2　あの人の言動は常軌を失っている。

3　彼女は熱に泳がされている。

4　彼らの主張に対して間髪をいれずに反論した。

5　彼女の自分勝手な振る舞いに顔をひそめた。

4 次の文で，下線部が適切でないものはどれか。
1 ぼくの目標は，兄より早く走れるように<u>なること</u>です。
2 <u>先生のおっしゃること</u>をよく聞くのですよ。
3 昨日は家で本を読んだり，テレビを<u>見て</u>いました。
4 風にざわめく木々は，まるで私たちにあいさつをして<u>いるようだった</u>。
5 先生の業績については，よく<u>存じております</u>。

5 下線部の言葉の用法が適切でないものはどれか。
1 <u>急いては事を仕損じる</u>ので，マイペースを心がける。
2 彼女は<u>目端が利く</u>。
3 <u>世知辛い</u>世の中になったものだ。
4 安全を<u>念頭に置いて</u>作業を進める。
5 次の試験に<u>標準を合わせて</u>勉強に取り組む。

○○○解答・解説○○○

1 4

解説　1の「愛嬌をふりまく」は，おせじなどをいい，明るく振る舞うこと，2の「的を射る」は的確に要点をとらえること，3の「舌先三寸」は口先だけの巧みに人をあしらう弁舌のこと，4はたくさんの中から選びだされるという意味だが，「白羽の矢が当てられた」ではなく，「白羽の矢が立った」が正しい。5の「二の舞を演じる」は他人がした失敗を自分もしてしまうという意味である。

2 5

解説　1「刀折れ矢尽きる」が正しく，「なす術がなくなる」という意味である。　2 話を進めるきっかけが見つからない。すがることができない，という意味になるのは「取り付く島がない」が正しい。　3「言動」という言葉から，「我慢できなくなる」という意味の言葉を使う必要がある。「腹に据えかねる」が正しい。　4「何度も賭け事に手を出した」という部分から「こりずに」という意味の「性懲りもなく」が正しい。

解説 1「のべつ幕なしに」，2は「常軌を逸している」，3は「熱に浮かされている」，5は「眉をひそめた」が正しい。

4 3

解説 3は前に「読んだり」とあるので，後半も「見たり」にしなければならないが，「見ていました」になっているので表現として適当とはいえない。

5 5

解説 5は，「狙う，見据える」という意味の「照準」を使い，「照準を合わせて」と表記するのが正しい。

非言語分野

演習問題

1 分数 $\frac{30}{7}$ を小数で表したとき，小数第100位の数字として正しいものはどれか。

  1　1　　　2　2　　　3　4　　　4　5　　　5　7

2 $x = \sqrt{2} - 1$ のとき，$x + \dfrac{1}{x}$ の値として正しいものはどれか。

  1　$2\sqrt{2}$　　2　$2\sqrt{2} - 2$　　3　$2\sqrt{2} - 1$　　4　$3\sqrt{2} - 3$

  5　$3\sqrt{2} - 2$

3 360の約数の総和として正しいものはどれか。

  1　1060　　2　1170　　3　1250　　4　1280　　5　1360

4 $\dfrac{x}{2} = \dfrac{y}{3} = \dfrac{z}{5}$ のとき，$\dfrac{x - y + z}{3x + y - z}$ の値として正しいものはどれか。

  1　-2　　2　-1　　3　$\dfrac{1}{2}$　　4　1　　5　$\dfrac{3}{2}$

5 $\dfrac{\sqrt{2}}{\sqrt{2} - 1}$ の整数部分を a，小数部分を b とするとき，$a \times b$ の値として正しいものは次のうちどれか。

  1　$\sqrt{2}$　　2　$2\sqrt{2} - 2$　　3　$2\sqrt{2} - 1$　　4　$3\sqrt{2} - 3$

  5　$3\sqrt{2} - 2$

6 $x = \sqrt{5} + \sqrt{2}$，$y = \sqrt{5} - \sqrt{2}$ のとき，$x^2 + xy + y^2$ の値として正しいものはどれか。

  1　15　　2　16　　3　17　　4　18　　5　19

$\boxed{7}$ $\dfrac{\sqrt{2}}{\sqrt{2}-1}$ の整数部分をa, 小数部分をbとするとき, b^2の値として正しいものはどれか。

   1 $2-\sqrt{2}$ 2 $1+\sqrt{2}$ 3 $2+\sqrt{2}$ 4 $3+\sqrt{2}$

   5 $3-2\sqrt{2}$

$\boxed{8}$ ある中学校の生徒全員のうち, 男子の7.5%, 女子の6.4%を合わせて37人がバドミントン部員であり, 男子の2.5%, 女子の7.2%を合わせて25人が吹奏楽部員である。この中学校の女子全員の人数は何人か。

   1 246人   2 248人   3 250人   4 252人   5 254人

$\boxed{9}$ 連続した3つの正の偶数がある。その小さい方2数の2乗の和は, 一番大きい数の2乗に等しいという。この3つの数のうち, 最も大きい数として正しいものはどれか。

   1 6   2 8   3 10   4 12   5 14

○○○解答・解説○○○

$\boxed{1}$ 5

解説 実際に30を7で割ってみると,
$\dfrac{30}{7} = 4.28571428571\cdots\cdots$ となり, 小数点以下は, 6つの数字 "285714" が繰り返されることがわかる。$100\div6=16$余り4だから, 小数第100位は, "285714" のうちの4つ目の "7" である。

$\boxed{2}$ 1

解説 $x=\sqrt{2}-1$を$x+\dfrac{1}{x}$に代入すると,

$$x+\frac{1}{x}=\sqrt{2}-1+\frac{1}{\sqrt{2}-1}=\sqrt{2}-1+\frac{\sqrt{2}+1}{(\sqrt{2}-1)(\sqrt{2}+1)}$$
$$=\sqrt{2}-1+\frac{\sqrt{2}+1}{2-1}$$
$$=\sqrt{2}-1+\sqrt{2}+1=2\sqrt{2}$$

3 2

解説 360を素因数分解すると，$360 = 2^3 \times 3^2 \times 5$ であるから，約数の総和は $(1 + 2 + 2^2 + 2^3)(1 + 3 + 3^2)(1 + 5) = (1 + 2 + 4 + 8)(1 + 3 + 9)(1 + 5) = 15 \times 13 \times 6 = 1170$ である。

4 4

解説 $\dfrac{x}{2} = \dfrac{y}{3} = \dfrac{z}{5} = A$ とおく。

$x = 2A,\ y = 3A,\ z = 5A$ となるから，

$x - y + z = 2A - 3A + 5A = 4A,\ 3x + y - z = 6A + 3A - 5A = 4A$

したがって，$\dfrac{x - y + z}{3x + y - z} = \dfrac{4A}{4A} = 1$ である。

5 4

解説 分母を有理化する。

$$\dfrac{\sqrt{2}}{\sqrt{2} - 1} = \dfrac{\sqrt{2}(\sqrt{2} + 1)}{(\sqrt{2} - 1)(\sqrt{2} + 1)} = \dfrac{2 + \sqrt{2}}{2 - 1} = 2 + \sqrt{2} = 2 + 1.414\cdots = 3.414\cdots$$

であるから，$a = 3$ であり，$b = (2 + \sqrt{2}) - 3 = \sqrt{2} - 1$ となる。

したがって，$a \times b = 3(\sqrt{2} - 1) = 3\sqrt{2} - 3$

6 3

解説 $(x + y)^2 = x^2 + 2xy + y^2$ であるから，

$x^2 + xy + y^2 = (x + y)^2 - xy$ と表せる。

ここで，$x + y = (\sqrt{5} + \sqrt{2}) + (\sqrt{5} - \sqrt{2}) = 2\sqrt{5}$，

$\qquad\qquad xy = (\sqrt{5} + \sqrt{2})(\sqrt{5} - \sqrt{2}) = 5 - 2 = 3$

であるから，求める $(x + y)^2 - xy = (2\sqrt{5})^2 - 3 = 20 - 3 = 17$

7 5

解説 分母を有理化すると，

$$\dfrac{\sqrt{2}}{\sqrt{2} - 1} = \dfrac{\sqrt{2}(\sqrt{2} + 1)}{(\sqrt{2} - 1)(\sqrt{2} + 1)} = \dfrac{2 + \sqrt{2}}{2 - 1} = 2 + \sqrt{2}$$

$\sqrt{2} = 1.4142\cdots\cdots$ であるから，$2 + \sqrt{2} = 2 + 1.4142\cdots\cdots = 3.14142\cdots\cdots$

したがって，$a = 3$，$b = 2 + \sqrt{2} - 3 = \sqrt{2} - 1$ といえる。

したがって，$b^2 = (\sqrt{2} - 1)^2 = 2 - 2\sqrt{2} + 1 = 3 - 2\sqrt{2}$ である。

8 3

解説 男子全員の人数を x, 女子全員の人数を y とする。

$0.075x + 0.064y = 37 \cdots ①$

$0.025x + 0.072y = 25 \cdots ②$

①$-$②$\times 3$ より

$$\begin{cases} 0.075x + 0.064y = 37 \cdots ① \\ 0.075x + 0.216y = 75 \cdots ②' \end{cases}$$

$$-0.152y = -38$$

$\therefore \quad 152y = 38000 \qquad \therefore \quad y = 250 \quad x = 280$

よって，女子全員の人数は250人。

9 3

解説 3つのうちの一番小さいものを $x\,(x>0)$ とすると，連続した3つの正の偶数は，x, $x+2$, $x+4$ であるから，与えられた条件より，次の式が成り立つ。$x^2+(x+2)^2=(x+4)^2$　かっこを取って，$x^2+x^2+4x+4=x^2+8x+16$　整理して，$x^2-4x-12=0$　よって，$(x+2)(x-6)=0$　よって，$x=-2$, 6　$x>0$ だから，$x=6$ である。したがって，3つの偶数は，6, 8, 10である。このうち最も大きいものは，10である。

●情報提供のお願い●

　就職活動研究会では，就職活動に関する情報を募集していま
す。
　エントリーシートやグループディスカッション，面接，筆記
試験の内容等について情報をお寄せください。ご応募はメール
アドレス（edit@kyodo-s.jp）へお願いいたします。お送りくださ
いました方々には薄謝をさしあげます。
　ご協力よろしくお願いいたします。

会社別就活ハンドブックシリーズ

SCSKの
就活ハンドブック

編　者	就職活動研究会
発　行	令和6年2月25日
発行者	小貫輝雄
発行所	協同出版株式会社

〒101−0054
東京都千代田区神田錦町2−5
電話　03−3295−1341
振替　東京00190−4−94061

印刷所　協同出版・POD工場

落丁・乱丁はお取り替えいたします

●2025年度版●
会社別就活ハンドブックシリーズ
【全111点】

運　輸

東日本旅客鉄道の就活ハンドブック

東海旅客鉄道の就活ハンドブック

西日本旅客鉄道の就活ハンドブック

東京地下鉄の就活ハンドブック

小田急電鉄の就活ハンドブック

阪急阪神 HD の就活ハンドブック

商船三井の就活ハンドブック

日本郵船の就活ハンドブック

機　械

三菱重工業の就活ハンドブック

川崎重工業の就活ハンドブック

IHI の就活ハンドブック

島津製作所の就活ハンドブック

浜松ホトニクスの就活ハンドブック

村田製作所の就活ハンドブック

クボタの就活ハンドブック

金　融

三菱 UFJ 銀行の就活ハンドブック

三菱 UFJ 信託銀行の就活ハンドブック

みずほ FG の就活ハンドブック

三井住友銀行の就活ハンドブック

三井住友信託銀行の就活ハンドブック

野村證券の就活ハンドブック

りそなグループの就活ハンドブック

ふくおか FG の就活ハンドブック

日本政策投資銀行の就活ハンドブック

建設・不動産

三菱地所の就活ハンドブック

三井不動産の就活ハンドブック

積水ハウスの就活ハンドブック

大和ハウス工業の就活ハンドブック

鹿島建設の就活ハンドブック

大成建設の就活ハンドブック

清水建設の就活ハンドブック

資源・素材

旭旭化成グループの就活ハンドブック

東レの就活ハンドブック

ワコールの就活ハンドブック

関西電力の就活ハンドブック

日本製鉄の就活ハンドブック

中部電力の就活ハンドブック

九州電力の就活ハンドブック

自動車

トヨタ自動車の就活ハンドブック	デンソーの就活ハンドブック
本田技研工業の就活ハンドブック	日産自動車の就活ハンドブック

商　社

三菱商事の就活ハンドブック	伊藤忠商事の就活ハンドブック
住友商事の就活ハンドブック	双日の就活ハンドブック
丸紅の就活ハンドブック	豊田通商の就活ハンドブック
三井物産の就活ハンドブック	

情報通信・IT

NTT データの就活ハンドブック	サイバーエージェントの就活ハンドブック
NTT ドコモの就活ハンドブック	LINE ヤフーの就活ハンドブック
野村総合研究所の就活ハンドブック	SCSK の就活ハンドブック
日本電信電話の就活ハンドブック	富士ソフトの就活ハンドブック
KDDI の就活ハンドブック	日本オラクルの就活ハンドブック
ソフトバンクの就活ハンドブック	GMO インターネットグループ
楽天の就活ハンドブック	オービックの就活ハンドブック
mixi の就活ハンドブック	DTS の就活ハンドブック
グリーの就活ハンドブック	TIS の就活ハンドブック

食品・飲料

サントリー HD の就活ハンドブック	日本たばこ産業 の就活ハンドブック
味の素の就活ハンドブック	日清食品グループの就活ハンドブック
キリン HD の就活ハンドブック	山崎製パンの就活ハンドブック
アサヒグループ HD の就活ハンドブック	キユーピーの就活ハンドブック

生活用品

資生堂の就活ハンドブック	武田薬品工業の就活ハンドブック
花王の就活ハンドブック	

電気機器

三菱電機の就活ハンドブック	パナソニックの就活ハンドブック
ダイキン工業の就活ハンドブック	富士通の就活ハンドブック
ソニーの就活ハンドブック	キヤノンの就活ハンドブック
日立製作所の就活ハンドブック	京セラの就活ハンドブック
ＮＥＣの就活ハンドブック	オムロンの就活ハンドブック
富士フイルム HD の就活ハンドブック	キーエンスの就活ハンドブック

保 険

東京海上日動火災保険の就活ハンドブック	三井住友海上火災保険の就活ハンドブック
第一生命ホールディングスの就活ハンドブック	損保ジャパンの就活ハンドブック

メディア

日本印刷の就活ハンドブック	エイベックスの就活ハンドブック
博報堂 DY の就活ハンドブック	東宝の就活ハンドブック
TOPPAN ホールディングスの就活ハンドブック	

流通・小売

ニトリ HD の就活ハンドブック	ZOZO の就活ハンドブック
イオンの就活ハンドブック	

エンタメ・レジャー

オリエンタルランドの就活ハンドブック	任天堂の就活ハンドブック
アシックスの就活ハンドブック	カプコンの就活ハンドブック
バンダイナムコ HD の就活ハンドブック	セガサミー HD の就活ハンドブック
コナミグループの就活ハンドブック	タカラトミーの就活ハンドブック
スクウェア・エニックス HD の就活ハンドブック	

▼会社別就活ハンドブックシリーズにつきましては，協同出版
のホームページからもご注文ができます。詳細は下記のサイ
トでご確認下さい。

https://kyodo-s.jp/examination_company